Eccentric Days of Hope and Sorrow

Неповторні дні надій і смутків

Вибрані вірші 🍃
Наталка Білоцерківець

з української переклали
Елі Кінсела і Дзвіня Орловська

Видавництво «Лост Горс»
Сендпойнт, Айдаго

ECCENTRIC DAYS
of HOPE & SORROW

 *Selected Poems*
Natalka Bilotserkivets

Translated by
Ali Kinsella & Dzvinia Orlowsky

LOST HORSE PRESS
Sandpoint, Idaho

Series Editor: Grace Mahoney

Author Photo: Mykola Zavhorodny
Cover Art: *Parallel World*, Khrystyna Kozyuk
Book Design: Christine Lysnewycz Holbert

FIRST EDITION

LIBRARY OF CONGRESS CATALOGING-IN-PUBLICATION DATA

Cataloging-in-Publication Data may be obtained from the Library of Congress.
ISBN- 978-1-7364323-2-7

THE LOST HORSE PRESS
CONTEMPORARY UKRAINIAN POETRY SERIES

Volume Eight

ЗМІСТ

TABLE OF CONTENTS

III

IV

V

Післямова | 196

ВСТУПНЕ СЛОВО

Поезія (не)нейтральності

Наталка Білоцерківець написала вірш «Слово про рідну мову» в 1967 році, коли їй було неповних тринадцять. Тоді ж він був опублікований у газеті «Вісті з України». І хоча ранні поетичні дебюти були досить поширеним явищем в СРСР, – для юної української школярки поезія не лишилася простим хобі: ще студенткою Київського університету Наталка видала свою першу збірку віршів «Балада про нескорених» (1976). Більшість її ранніх творів, як у цій книжці, так і наступній, «У країні мого серця» (1979), фокусувалися на думках і почуттях, притаманних юності, а у формальному сенсі — виявляли відчутний вплив і водночас творче переосмислення українського фольклору. Цікаво, що такі прояви «національного» поблажливо толерувалися радянським режимом, оскільки, на думку цензорів, мимоволі утверджували статус української мови і загалом культури як декоративної і меншовартісної стосовно «серйозних» тем, зокрема й так званих «політичних».

Утім, як довела й сама Білоцерківець, народні пісні і казки здатні не лише зачаровувати й зворушувати своєю наївністю, а й промовляти через вічні сюжети і символи до сучасної глобальної аудиторії. Таким чином, розповідаючи про українського «сірого соловейка» чи «кривеньку качечку», авторка також відкриває Україну у світовій культурі. Переказуючи відомий міфологічний сюжет про трансформацію тварини чи пташки в людину і навпаки, Наталка Білоцерківець використовує казку, щоб подати образ зачарованої дівчини... і водночас «жіночий» образ свого народу:

> *Між лугових опеньок у траві*
> *її знайшли і принесли додому*
> *самотніх двоє немічних старих.*
> *Вони її так щиро полюбили,*
> *що її вбоге пір'ячко спалили,*
> *аби повік вона була при них.*
>
> . . .
>
> *Лети сама – не довіряй і тим*
> *веселим зграям, гордим, молодим,*
> *які тебе покинули колись.*
>
> («Кривенька качечка»)

INTRODUCTION

Poetry of (Non)Neutrality

Natalka Bilotserkivets published her first poem, "A Word on Your Native Tongue," in the newspaper *News from Ukraine* in 1967 when she was thirteen. While it was popular for young Soviet writers to be published at a tender age, writing was more than a hobby for Bilotserkivets. She continued to hone her craft, and by 1976 when she was a student at Kyiv University, she published her first collection *Ballad of the Unconquerables (Balada pro neskorenykh,* 1976). Much of her early work, including that in her second collection, *In the Country of My Heart (U kraïni moho sertsia,* 1979), focused on her experiences as a young person and also made overt reference to Ukrainian folklore. Such displays of "nationalism" were usually tolerated by the regime, as they served to reinforce the Ukrainian language's status as decorative and unfit for the serious matters of business or politics. But, as Bilotserkivets herself has pointed out, folktales are not merely cute; rather they resonate with a global audience that has its own tales. In other words, while emphasizing the specifically Ukrainian nightingale or lame duckling, she was also highlighting Ukraine's position in world culture. Here she is superficially retelling a fairy tale, but using it to speak to a young woman:

> *Between meadow stumps in the grass,*
> *the lonely, feeble, aged couple*
> *found her and took her home.*
> *They loved her so wholeheartedly*
> *her scant feathers all fell out,*
>
> . . .
>
> *Fly alone. Don't trust even those*
> *happy flocks, proud and young,*
> *that once abandoned you.*

"The Lame Duckling"

With her third collection, *Underground Fire (Pidzemnyi vohon',* 1984), she cemented her place in the generation of *visimdesiatnyky,* or "eightiers," those writers and artists who emerged on the scene in

Третьою збіркою, «Підземний вогонь» (1984), Білоцерківець утверджує себе в поколінні «вісімдесятників» – письменників і митців, котрі вийшли на авансцену в часи занепаду СРСР. Не завжди об'єднані мистецькими візіями та формальними практиками, вони були об'єднані іншим: реакцією на стагнацію старої системи, в котрій їм випало жити. Як Микола Рябчук пояснював у передмові до упорядкованої Ігорем Римаруком антології «Вісімдесятники» (1990), ця літературна група направді включала представників не одного «покоління», а навіть батьків і дітей: і тих, хто починав писати тоді ж чи одразу після так званих «шістдесятників», але чиї твори не публікувалися або замовчувалися в попередні роки; і наймолодших авторів, хто заявив про себе саме у вісімдесяті... А також тих, котрі прийшли в літературу ніби в «міжчассі», опублікувавши перші збірки ще в сімдесяті, але повною мірою «розкрилися» уже в пост-брєжнєвську епоху, відчувши дух часу. Наталка Білоцерківець була власне одною з таких поетів.

Після того як Чорнобильська трагедія відкрила (принаймні для решти світу) глибину обману і приниження людей за Залізною завісою, одні з цих поетів, окрилені ідеями «перестройки» та «гласності», заявляли передовсім свою громадянську позицію і ставили правду понад усе. Інші ж, як зокрема й Наталка, лишалися при ідеї «мистецтва для мистецтва» і шукали правди в красі. Та важливо, що обидві ці групи не поборювали одна одну. Нарешті в українській культурі знову відкрився простір для розмаїття творчих індивідуальностей, і образ Розстріляного Відродження – українських митців, що загинули в криваві тридцяті роки, – відновився в новій літературній генерації.

Наталка Білоцерківець добре знала долю її улюбленого Павла Тичини, котрий зберіг власне життя, зрадивши геніальний символізм своєї ранньої лірики задля панегіриків комуністичному режимові. Її батьки були вчителями української мови й літератури і представляли ту сільську інтелігенцію, що, як вона висловилася, вже «вимирає як явище». Її батько в 1960-і опублікував дві книжки оповідань, а мати, вже в незалежній Україні, – спогади про Голодомор 1932-33 років та про невільницьку працю у нацистській Німеччині під час Другої світової війни. Насамперед від батьків юна поетеса дізнавалася і про світових поетів-модерністів, твори котрих були в домашній бібліотеці і які чи не найбільше вплинули на її власну творчість: Олександр

the twilight of the USSR. Though they were not all unified in vision or practice, their work was generally characterized by its response to—or at least existence amid—the decline of the Soviet Union. As Mykola Riabchuk explained in his introduction to Ihor Rymaruk's *Visimdesiatnyky* anthology, this group could actually be defined as three distinct generations, even including parents and children: those who came of age right after the *shistdesiatnyky* ("sixtiers") but whose work was not published systematically; the youngest poets and artists in Soviet Ukraine who came of age in the eighties; and an in-between group whose first work came out in the seventies, but who were able to reinvent themselves for the post-Brezhnev era and respond to the zeitgeist. Natalka Bilotserkivets is one of these.

In the spirit of glasnost, and in the wake of the Chornobyl catastrophe that revealed (at least to the rest of the world) the depth of deception and abuse of citizens taking place behind the Iron Curtain, some of these artists were oriented toward truth above all. Others, like Natalka, retained a sense of "art for art's sake," prizing aesthetics and perhaps seeking truth in beauty. But importantly, the two groups did not fight among themselves. There was finally space within Ukrainian culture for a multitude of approaches, and the memory of the Executed Renaissance generation, who perished in the bloody thirties, was at the forefront of their minds. No doubt Bilotserkivets knew well the fate of her beloved Pavlo Tychyna who saved his own life by abandoning his early symbolism in favor of panegyrics to the Communist state. Her parents were both Ukrainian teachers and representatives of the rural intelligentsia, which she says was already a "dying phenomenon" in the 90s. Her father published two books of short stories and her mother memoirs about the Holodomor and forced labor in Germany. Through them, Bilotserkivets was also exposed to the international writers who were some of her earliest influences: Aleksandr Blok and Boris Pasternak, whom she read in the original, and Federico García Lorca and Guillaume Apollinere in Ukrainian translation. Somewhat later she encountered Constantine Cavafy and César Vallejo, as well. The *visimdesiatnyky* marked the first time since the early twentieth century that there was variety and vigor in Ukrainian letters.

> Let us into the archives—the lists, the denouncements, reports,
> To the soft dispositions, the hard red revolutions,
> To know in person who stoked those October embers
> And eviscerated the country by counterrevolutionary fires.

"Not Everyone Has Returned"

Блок і Борис Пастернак, котрих вона читала в оригіналі, Лорка й Аполінер у перекладах українською... Пізніше до них додалися Константінос Кавафіс і Сесар Вальєхо. «Вісімдесятники» бачили себе в контексті світової поезії XX століття – і вважали своєю місією згадати трагедію, що спіткала перших українських модерністів у часи сталінського терору, та назвати імена не тільки невинних жертв, а й їхніх катів:

Допустіть до архівів — до списків, доносів, заяв,
до м'яких розпоряджень, червоних твердих резолюцій —
щоб пізнати в лице, хто роздмухав з жовтневих заграв
і спустошив країну пожежами контрреволюцій.

(«Ще не всі повернулись...»)

Після появи четвертої збірки, «Листопад» (1989), Білоцерківець стає популярним поетом. П'ять віршів, що увійшли до вже згаданої антології «Вісімдесятники», виданої в Канаді, досі лишаються серед її найвідоміших творів. Відтоді її ім'я пов'язане з «гімном покоління» «Ми помрем не в Парижі» – віршем, що став ще славетнішим, коли у 1991 році був покладений на музику львівським рок-гуртом «Мертвий півень». А далі – переломна публікація в американській антології «З трьох світів» (1996), що містила шість її поезій в перекладі англійською мовою (п'ять із них були перекладені або співперекладені Дзвінею Орловською). Як зазначила Соломія Павличко, для «західної» аудиторії це видання стало свідченням нового Українського Ренесансу.

За роки після появи "From Three Words" обізнаність щодо сучасної України та української літератури значно зросла. Що ж до Наталки Білоцерківець, вона далі знана в англомовному світі передовсім через прекрасний переклад Дзвіні Орловської вірша «Ми помрем не в Парижі» – тоді як значна частина її творів лишається маловідомою. Тимчасом, уже після здобуття Україною незалежності, з'явилися друком ще дві її виразні поетичні збірки – «Алергія» (1999) і «Готель Централь» (2004).

У рецензії на «Алергію» Наталчин колега-поет Кость Москалець відзначав її хист портретувати повсякденне як трансцендентне: «Людина світська й сучасна, якою є наша поетеса, зустрічає свої теофанії не в церкві (або ж: не тільки в церкві), начебто спеціально для таких нагод і призначеній, а в купе

With her fourth collection, *November (Lystopad,* 1989), Bilo-tserkivets became famous in Ukraine. Five of her poems were included in Rymaruk's anthology published in Canada in 1990, and these remain some of her best-known pieces even today. Her name is nearly synonymous with her anthem "We'll Not Die in Paris," which became even better known after it was set to music by the Ukrainian rock group Mertvyi piven (Dead rooster) in 1991. This was followed in 1996 by the path-breaking publication *From Three Worlds: New Ukrainian Writing,* which anthologized six of her poems in English translation (five of which were translated or co-translated by Dzvinia Orlowsky). As Ukrainian literary critic Solomea Pavlychko proclaimed in the introduction, this was "the first publication to witness Ukraine's Renaissance."

And indeed, after *From Three Worlds* came out, awareness of modern Ukraine and its literature increased. Bilotserkivets became known in the English-speaking world largely on the merits of Orlowsky's translation of "We'll Not Die in Paris," while her larger body of work remained relatively unknown. She has published two post-independence collections, *Allergy (Alerhiia,* 1999) and *Hotel Central (Hotel' tsentral',* 2004). In response to the first, Kost Moskalets, her poet contemporary, said that "a worldly and modern person" such as she "finds her god not in church (er, not only in church) that is especially designed for such opportunities and purposes, but in the compartment of a new year's train, between the cigarette paper of herbaria, in an underground passageway where a saxophonist who owes nothing to no one is playing at night." Bilotserkivets has a way of portraying the mundane as transcendental. She inverts images ("a knife emerges like the moon"), revealing how the commonplace—like the moon itself—is capable of change, each revealing its "dark side." *Hotel Central* presents death not as an obsession, but as something ever present that must be engaged with:

> *The best is almost imperceptible*
> *because it's shy: a smell, childhood*
> *or even, death—*
> *though its rest is so sweet,*
> *so exacting.*

> "Herbarium"

новорічного поїзда, між цигаркового паперу гербаріїв, у підземному переході, де грає нічий, нікомуненалежний саксофоніст, саксофоніст як явище саме по собі». Інвертуючи образи («із пітьми виходить ніж як місяць»), поетеса показує, як щось звичне й буденне здатне змінюватися, перетворюватися, проявляти свою приховану, «темну сторону». І навіть смерть показана тут не як обсесія, а як щось просте і природнє:

> *Найкраще те, що майже непомітне —*
> *бо соромливе... ось, наприклад, запах...*
> *або дитинство... або, навіть, смерть,*
> *хоч її віддих все-таки солодкий,*
> *вимогливий...*

(«Гербарій»)

Чи – як у книжці «Готель Централь»:

> *Повітря непорушне і гаряче,*
> *як моє тіло. Вигнуте, як міст*
> *над річкою. Таке мовчання, наче*
> *п'ють солов'ї свій чорний алкоголь.*

(«Міст»)

В інтерв'ю 2016 року Наталка Білоцерківець припускала, що ті її вірші, котрі стосуються певних «політичних» подій та явищ, навряд чи знайдуть відгук у перекладах іншими мовами, бо ж вони занадто прив'язані до українських реалій і потребують додаткових коментарів, для поезії небажаних. Вона вважала, що її поема «Травень» – це радше виняток, тому що Чорнобильська аварія мала дійсно планетарний масштаб і не оминула нікого. Це правда, але правда й те, що Чорнобиль був і є в Україні і утвердився в історичній пам'яті і культурі українського народу більше, ніж деінде. «Травень» мав успіх і відгук на Заході не тільки тому, що всі знали про ту подію й усвідомлювали, як змінилося життя людства після атомної катастрофи. Поема української авторки промовляла до особистих почуттів, особистого переживання великої трагедії. Це було те персональне, що ставало універсальним. Спроби творити універсальне поза особистим не є життєвими і часто закінчуються банальними аксіомами, які не промовляють нічого. Тим часом

The air is as still and hot
as my body. Arched like a bridge
over a river. It's so quiet— the nightingales
must be drinking their own black alcohol.

"Bridge"

In a 2016 interview, Bilotserkivets explained that she believes the few political poems she has written fail to find a universal audience because they focus too closely on Ukrainian reality. She suspects her poem "May" is an exception because Chornobyl was a catastrophe of such epic proportions that no one escaped it. This is true, but it is also true that Chornobyl happened in Ukraine and occupies a place in its cultural and historical memory unrivaled elsewhere. It rather seems that "May" succeeds not because everyone knows what it is like to live in the aftermath of the nuclear disaster, but because it speaks to the feelings of having experienced a deep tragedy. It is in the personal that the universal takes up residence. Attempts at universality ungrounded in personal experience inevitably end up as banal axioms, a true exercise in saying nothing. Yet Bilotserkivets is most certainly saying something.

What will grow from the scattered grain?
We had to see the naked field.
Though some will get to see the harvest,
the sickle will go the way of the foe.
They'll beat with flails on the threshing floor.
On an embroidered cloth our bread will lie
like a severed head.

"February"

There is a distinct tension in the way Bilotserkivets talks *about* her poetry and what her poetry actually *says*. For one, Natalka does not like being called a *poetesa*, but rather a *poet*. This is fair. In her world, *poetesas* write verses for love-struck children, while *poets* command serious attention. Considering this, who would want to be relegated to second-class status when the simple deletion of three letters would seem to guarantee equal treatment?: "You change a letter or two—a snake / peeks out from under the armpit / of the chief bureaucratic monster" ("Death in the Air"). Despite her preference to avoid associations with "female poets," she is all the more

Білоцерківець говорить багато про що.

> *Що виросте з розкиданих колось?*
> *Нам голе поле бачить привелось.*
> *Але жнива таки побачить хтось.*
> *І пройде серп ходою супостата.*
> *І замолотять ціпом на току.*
> *І хліб на вишиванім рушнику*
> *лежатиме, як голова одтята.*

> («Лютий»)

Схоже, існує певне протиріччя в тому, *як* Білоцерківець говорить про свою поезію, і *що* її поезія насправді каже. Наприклад, Наталка не любить коли її називають «поетесою» і надає перевагу зватись «поетом». У цьому є певний резон, якщо вважати що *поетеси* пишуть тільки про жінок-матерів та їх любих діток, тоді як *поети* звертаються до серйозних тем. Тож навіщо приймати цей другорядний статус, коли звичайне собі виключення трьох літер здатне забезпечити рівні права з «першорядними» поетами-чоловіками? Як писала сама Наталка у складному символічному вірші про «*бліду*» смерть: «зміниш літеру-другу – мов *гадь* що виповза з-під пахви головної з чиновних почвар» («Смерть у повітрі»). І все ж, усупереч приватному бажанню уникати асоціацій з «жіночими поетами» і «жіночою літературою», Білоцерківець все частіше проявляє себе як поет-жінка. І це дуже цікаво. Її голос – це не завжди голос мужності і сили; ті, від чийого імені вона промовляє у своїх віршах, можуть почуватися розгубленими, сповненими втрат і розчарувань, навіть жертвами. Так твориться багатша і складніша картина людського досвіду, і поетеса (використаємо тут це слово) отримує доступ до ширшого регістру почуттів – аж до сміливості писати про кохання і секс із перспективи невизначеного «я-ти» чи материнства-батьківства. І сміливості показати народження дітей поруч зі смертю:

> *І в маячні хромосом, і у ґвалті клітин*
> *будеш так само удвох і лишишся один.*
> *І у судомі колін, і у пітняві спин —*
> *діти, як маки в піску, розквітають поволі.*

> («Жодне кохання не щастя...»)

interesting for being a female poet. Hers is not always the voice of power; as often as her speakers are agents fully in control, they are also confused, at a loss, or even victims. What results is a richer and more complete picture of the human experience. She draws on a broader register and also feels emboldened to write from a perspective that is at times explicitly parental. No less than death, the facts of children and childhood are taken as givens. Bilotserkivets has access to and manages to encompass the whole of the human experience:

> *And in the rapture of chromosomes, in the rape of cells*
> *You'll be together, yet you'll be alone.*
> *And in knee cramps, in a sweaty back—*
> *children, like poppies in the sand, bloom little by little.*

"No Love Is Happiness"

Nature and the ephemerality of life also repeatedly return as themes. This extends into a focus on childhood and its nearly self-evident counterpart, motherhood, both positioned more in the natural world than in the domestic. Bilotserkivets often uses fleeting youth as a stand-in for the general transience of life; child-like innocence (simplicity, joy, innate wisdom) is threatened and at times lost. Nature is a powerful force, as destructive as it is generative. In contrast to the constructed world, however, it is good and can be trusted, even if it does not always give what one desires. Society and the manufactured world lure us in only to betray us. In this sense, nature provides a refuge from man-made disaster and collapse. Still, in answer to the question, "What if nature abandons us?" Natalka responds, "We do not deserve it."

In his essay "The Negro Artist and the Racial Mountain," Langston Hughes famously examines a fellow Black poet who did not want to be known as a "Negro poet," concluding that the young man ultimately was afraid of being himself: "And I doubted then that, with his desire to run away spiritually from his race, this boy would ever be a great poet." In the United States, where the tendency in publishing has been toward highlighting the identity of the writer and celebrating the differences, it may seem outdated to encounter a writer so reluctant to celebrate her own special identity. Bilotserkivets was thirty-seven when the Soviet Union collapsed. Somewhat unsurprisingly, by the time the machine ground

Природа й ефемерність людського існування постійно міняються місцями в її віршах. Насамперед це виражається у фокусуванні уваги на дитинстві та його самоочевидному «супутнику» – материнстві, котрі позиціонуються не так у «домашньому» світі, як у світі природи. Білоцерківець часто використовує плинність юності як приклад загальної минущості життя; коли дитинна невинність (простота, грайливість, радість і наївна мудрість) руйнується або втрачається. Природа є могутньою силою, такою ж деструктивною, як і творчою. На противагу штучно сконструйованому світу природа одначе є добрим богом і їй можна довіряти, навіть якщо вона не завжди дає те, чого бажаємо. Суспільство і рукотворний світ зваблюють нас лише для того, щоб зрадити; натомість природа дає прихисток від рукотворних катастроф. Втім, у відповідь на питання: «А якщо і природа покине нас?» – Наталка відповідає: «Ми не заслужили її любові».

У своєму славетному есеї «Негритянський митець і Расова гора» Ленґстон Г'юз згадує чорношкірого колегу, котрий не хоче називатися «негритянським поетом», і робить показовий висновок: юнак боїться бути собою. «І я сумніваюсь тоді, – каже Г'юз, – чи з цим бажанням духовної втечі від його раси буде цей хлопець здатен стати колись великим поетом». У Сполучених Штатах, із тенденцією до висвітлення ідентичності письменника і заохочення відмінностей, може видатися щонайменше старомодним – зустріти авторку, котра так не бажає підкреслювати власну ідентичність. Білоцерківець було 37, коли Радянський Союз розпався. У той час, коли система рухнула, багато колишніх «радянських» жінок почувалися втомленими від порожніх словес про ґендерну рівноправність. Вони могли б навіть стати феміністками десь на Заході, проте в себе на батьківщині з підозрою ставились до відповідних рухів. Досвід СРСР спонукав багатьох до бажання зберегти усталений статус «рівного-рівної». Для Білоцерківець це був нейтральний «лейбл» Поета.

У сучасній Україні жінки-інтелектуалки використовують певну мову для демонстрації своєї окремішності. На відміну від англомовного світу, де феміністки адаптували ґендерно-нейтральну й інклюзивну мову, українці повернулися до так званих фемінітивів, особливо стосовно професій. Оскільки українська мова має три граматичних роди (рід застосовується не тільки в іменниках, але навіть в дієсловах у минулому часі),

to a halt, many formerly "Soviet" women were tired of the state's empty claims to total gender parity. Though they might have ended up as feminists anywhere else in the West, they were suspicious of the contemporary movements in the 1990s. The experience of the USSR led many people to want to secure a position of equal status. For Bilotserkivets, this is the "neutral" label *poet*.

In Ukraine today, feminists and female intellectuals are using language to carve out a larger space for themselves. Unlike in the English-speaking world where feminists have adopted gender-neutral and inclusive language, Ukrainians have turned toward *femininitives* as they call them, or feminine versions of nouns, especially professions. Because Ukrainian has three grammatical genders—genders that extend even to verbs used in the past—neutrality is not an option. The current system grants feminine nouns less prestige. For example, a *sekretar* is a government official, while a *sekretarka* is a receptionist—what to do with a man who answers the phone and greets you in an office? Can we even imagine a world in which women conduct negotiations? Rather than maintain this stratification, they have chosen the path of pushing women into our collective imagination.

Natalka has said that she often writes in the ungendered present tense to avoid having to assign her speaker a gender. As a younger writer, she was inspired by Cavafy's ambiguous love poems (he avoided identifying his lovers by gender) and a desire to let all readers identify with her. Her language's high level of inflection makes it easy to write impersonally, whereas English often demands the specificity of pronouns and direct objects. At times this meant making decisions for Natalka, choosing who her speaker should be or losing deliberate ambiguity. Anna Akhmatova did not avoid the past tense and embraced markers of the "feminine" in her poetry (Russian is similar to Ukrainian in the sense of denoting gender), yet did not appreciate being called a "poetess." Lesia Ukrainka thought there was no need to separate the *poetesas* from the *poets*. (Ironically, this "first Ukrainian feminist," as she was called on the 150th anniversary of her birth, was given the title "the only man in all of Ukraine" as a youth by her slightly older poet contemporary, Ivan Franko.)

But there are other icons of letters to look up to, people who also experience this dilemma of a dual identity. Toni Morrison, who consistently refused to identify as American, said she had always "wanted to develop a way of writing that was irrevocably black."

лінґвістична нейтральність не є можливою. Чинна система не раз робить жіночі «професійні» іменники немовби менш «престижними». Для прикладу, «секретар» українською – це здебільшого урядовець, тоді як «секретарка» – персональна помічниця чи рецепціоністка. Але як тоді називати чоловіків, котрі зустрічають вас у приймальнях поважних офісів? Або як уявити тоді, що жінки (секретарки) готують важливі переговори?

Наталка зізнається, що в поезії часто говорить про подію не в минулому, а теперішньому часі, саме щоб уникнути позначення статі оповідача-героя своїх віршів; а також використовує займенник «ти», а не «я», щоб ототожнитися із цим внутрішнім персонажем і уявним читачем. Свого часу вона була інспірована неоднозначною любовною лірикою Константіноса Кавафіса (котрий уникав персоналізувати коханих за статтю); а також бажанням, щоб усі її читачі, незалежно від ґендеру, могли ідентифікувати себе з нею. Особливості рідної мови Білоцерківець полегшують їй такі спроби писати не-персонально і вирішувати, ким цього разу буде її спікер («я», «ти», «він» чи «вона»). Зрештою, українська поетеса не раз прямо пише про себе (наратора своїх віршів) саме як про жінку. Що ж, і Анна Ахматова, хоч і не уникала у своїх творах минулого часу та інших «фемінних» маркерів, не любила, коли її називали «поетесою». І Леся Українка теж не бачила потреби будь-яким чином відокремлювати «поетес» від решти «поетів». (За іронією долі, *перша українська феміністка*, як її стали називати у дні 150-річного ювілею, ще в юності отримала титул «*єдиного мужчини на всю Україну*» від свого старшого сучасника-поета Івана Франка...)

Проте ми можемо згадати й інші іконічні постаті у світовій літературі, котрі так само стикалися з дилемою складної ідентичності. Тоні Морісон відмовлялася називати себе «американкою» і казала, що завжди «прагнула розвинути такий спосіб письма, що був би виразно «чорним». Уже згаданий Ленґстон Г’юз замислювався, наскільки кардинально чорношкірі митці повинні творити власне мистецтво і що вони мають робити, якщо це не вкладатиметься в традиційний канон. «Шлях, – він писав, – швидше за все кам’янистий, і гора висока». Але у творчості «без страху чи ганьби» за власне життя література збагачується більш повною картиною людського досвіду: «Якщо білі люди будуть задоволені, ми раді. А якщо ні, це не має значення. /.../ І якщо кольорові люди будуть задоволені, ми раді. А

Hughes further explored the question of how serious black artists are to make their art and what they're to do if it doesn't fit into the mold of the dominant canon. "The road," he says, "is most certainly rocky and the mountain is high." But in writing "without fear or shame" from the life he knew, Hughes enriched literature everywhere with a more complete picture of the human experience. He said, "If white people are pleased we are glad. If they are not, it doesn't matter. . . . If colored people are pleased we are glad. If they are not, their displeasure doesn't matter either. We build our temples for tomorrow, strong as we know how, and we stand on top of the mountain, free within ourselves." Whether she realizes it or not, Natalka Bilotserkivets has not run away spiritually from herself. And she is a great poet.

> *You will never die—in your little blue coat;*
> *your thin lips will never break,*
> *just as this fall evening will never disappear,*
> *this fire that dances and flies into the air.*
>
> *Can we not rejoice in the happy rhythm*
> *that fills the universe and our hearts?*
> *Can we not catch the divine light*
> *wiping tears, like years, from our faces?*

"Fire"

—Ali Kinsella

Bibliography

Natalka Bilotserkivets, interview by Andrew Singer, *Trafika Europe*, April 3, 2016 https://www.trafikaeurope.org/bilotserkivets-interview/?c=72e1ba2726d6.

———. Email messages to the author. March 25, 26, and 30, 2021.

Paul Gilroy, "Living Memory: A Meeting with Toni Morrison," in *Small Acts: Thoughts on the Politics of Black Culture* (New York: Serpent's Tail, 1993), 181, https://afrofuturist.sites.grinnell.edu/key-writings/paul-gilroy-living-memory-a-meeting-with-toni-morrison/.

Langston Hughes, "The Negro Artist and the Racial Mountain," in *The Collected Works of Langston Hughes* (Columbia, MO: University of Missouri Press, 2002),

ні – їхнє невдоволення так само не має значення. Ми будуємо наші храми для свого майбутнього, такими міцними, як тільки можемо, - і ми станемо на вершині гори, вільні у своїй душі».

І визнає це вона чи ні, Наталка Білоцерківець теж не боїться своєї сутності. І вона є великим поетом.

Не помреш ти ніколи, ніколи — у курточці синій,
і не зломляться вічно тоненькі уста,
як не зникне ніколи цей вечір осінній,
цей вогонь, що танцює і в небо зліта.

Як же нам не радіти цим щастям і ритмом,
що пронизує всесвіт і наші серця?
Як же нам не ловити божественне світло,
витираючи сльози, мов роки, з лиця?..

(«Вогонь»)

—Елі Кінсела

Бібліографія

Bilotserkivets N. Bilingual interview by Andrew Singer [Electronic resource] // Trafika Europe. – Electronic data. – 03 April 2016. – Mode of access: Internet. – https://www.trafikaeurope. org/bilotserkivets-interview/?c=72e1ba2726d6 –Title from the screen (viewed 15.06.2021).

Білоцерківець Н. Електронні поштові повідомлення від авторки. 25, 26, і 30 березеня 2021 року.

Gilroy P. Living Memory: A Meeting with Toni Morrison / Paul Gilroy // Small Acts: Thoughts on the Politics of Black Culture. - New York : Serpent's Tail, 1993. - P. 181. -https://afrofuturist. sites.grinnell.edu/key-writings/paul-gilroy-living-memory-a-meeting-with-toni-morrison/.

Hughes L. The Negro Artist and the Racial Mountain / Langston Hughes // The Collected Works of Langston Hughes. - Columbia, MO : University of Missouri Press, 2002. - https://www. poetryfoundation.org/articles/69395/the-negro-artist-and-the-racial-mountain.

Москалець К. Відчування алергії [електронний ресурс] // УкрЛіб: Бібліотека української літератури. - Електронні дані. - https://ukrlib.com.ua/books/printit.php?tid=15517 - - Назва з екрану (переглянуто: 08.05.2020).

Pavlychko S. Facing Freedom: The New Ukrainian Literature / Solomea Pavlychko // From Three Worlds : New Ukrainian Writing / ed: Ed Hogan. – Boston : Zephyr Press, 1996.

Рябчук М. Ми помрем не в Парижі / Микола Рябчук // Вісімдесятники : Антологія нової української поезії / ред.: Римарук І. – Едмонтон, Альберта : Видавництво Канадського Інституту Українських Студій, 1990. – C. xi–xviii.

Таран Л. Підземний вогонь вічної юності / Людмила Таран / Ми помрем не в Парижі :

Poetry Foundation, October 13, 2009, https://www.poetryfoundation.org/articles/69395/the-negro-artist-and-the-racial-mountain.

Kost' Moskalets', "Vidchytuvannia alerhiï," UkrLib: Biblioteka ukraïns'koï literatury, accessed May 8, 2020, https://ukrlib.com.ua/books/printit.php?tid=15517.

Solomea Pavlychko, "Facing Freedom: The New Ukrainian Literature," in *From Three Worlds: New Ukrainian Writing*, ed. Ed Hogan (Boston: Zephyr Press, 1996).

Mykola Riabchuk, "My pomrem ne v Paryzhi," in *Visimdesiatnyky: Antolohiia novoï ukraïns'koï poeziï*, ed. Ihor Rymaruk (Edmonton, Alberta: Canadian Institute of Ukrainian Studies Press, 1990): xi–xviii.

Liudmyla Taran, "Pidzemnyi vohon' vichnoï iunosti," in *My pomrem ne v Paryzhi: vybrani virshi* (Kyiv: A-BA-BA-HA-LA-MA-HA, 2015): 224-234.

ВІД ПЕРЕКЛАДАЧКИ

Регенеративний світ Наталки Білоцерківець

> *Коли образ новий, світ оновлюється*
>
> Ґастон Башляр

У НАДЗВИЧАЙНО ОБРАЗНОМУ, регенеративному світі Наталки Білоцерківець, який зосереджується на свідченні та виживанні, любов є такою тремкою та водночас грізною як тюльпани, які *мов чашечки, сповнені кров'ю,* чи такою тендітною як *колба скляного повітря.* Літня гроза на *каменях облич* та *сплетіння вічних вулиць перед нами,* за словами поетки, є водночас тривожними та захопливими. Але перш за все це є світ, у якому співіснують темрява та світло: *І в сяєві вікна — божественна пітьма,/ неначе письмена на шкірі скорпіона.* («Вино ангелів»).

Саме завдяки таким імпульсам ощадливі ліричні рядки Білоцерківець охоплюють складні та суперечливі світи нашого внутрішнього життя. Її вірші досліджують глибини різних тем, від дитинства, де *вся у синцях, подряпинах, зеленці,* аж до бережливої вразливості материнства: *Притиснувши до себе крик нічний / ми рушимо... Куди ж нам вирушати?* Бажання та домашність визначаються знову й знову, щодня оновлюються, іноді крізь сюрреальну призму:

> *І черевик, відкинутий убік,*
> *і на стільці одежа. І до ранку*
> *якийсь тунельний вітер пінить склянку:*
> *ще мить — і з неї вирветься потік.*
>
> («Тремтить вода у склянці, і тремтить...»)

Прагнення вийти за межі фізичного, недуховного обмеження — *Ходімо і ведімо за собою / акацію, шипшину, батьківщину, / будинок і собаку,* пише поетка у вірші «Листопад» — протиставлене іноді ще більшому бажанню бути нерухомо тихою. Можливо для Білоцерківець, поетична творчість починається саме в таких одкровенних місцях тиші:

> *Стоять навколо книги,*
> *як трави у гаю.*

TRANSLATOR'S NOTE

Natalka Bilotserkivets's Regenerative World

> *When the image is new, the world is new*
>
> —Gaston Bachelard

IN NATALKA BILOTSERKIVETS'S HIGHLY IMAGISTIC, regenerative world of witness and survivorship, love is as vibrant and menacing as tulips resembling *cups of blood* or as fragile as *a glass flask of air*. A summer storm on *stone faces* and *a tangle of infinite streets before us*, the poet says, is both alarming and exhilarating. Above all else, it is a world where darkness and light co-exist: *And in the window's light—a sacred darkness / like writing on a scorpion's scales* ("Wine of Angels").

Through these impulses, Bilotserkivets's spare lyrical lines embrace the complex and contradictory worlds of our interior life. Her poems inquire deeply into subjects ranging from childhood, *covered in bruises, scrapes, and brilliant green,* to the protective vulnerability of motherhood: *Having pressed the nighttime cry to your body, / We move . . . But where can we go?* Desire and domesticity are defined and redefined, reconciled daily, at times through a surreal lens:

> A shoe tossed to the side,
> clothes flung on a chair. By morning
> a wind foams in the glass—
> before long, a stream will burst out of it!

> "The Water Trembles"

A hunger to move outside of physical, non-spiritual confinement— *Let's go and take with us / acacia, rosehips, the motherland, / the house and the dog* the poet writes in her poem "November"—is contrasted with an even greater desire, at times, to be still. Perhaps, for Bilotserkivets, it is in such revelatory places of silence that poetic creation begins:

> Books surround us
> like grass in the grove.
> Like chamomile

Ласкаве і зелене,
йде слово між слова —
мов у губах у мене
ромашка лісова.

(«Життя просте і тихе…»)

Нашим з Елі Кінселою завданням як перекладачок було передати англійською мовою голос з української, голос, що живиться стислістю та яскравою образністю. Ми були зобов'язані прослідкувати, щоб сутнісні елементи ліричної та наративної поезії — мелодія, уява, розповідь, структура та ліричний намір — залишалися в гармонії. Такі моменти дуже легко втрачають баланс при перекладі з однієї мови на іншу. Для прикладу, повторення в українській мові несе музичний, заклинальний ефект, який неможливо як слід передати англійською. Або ж візьмімо часте використання знаків оклику та трьох крапок, з якими спочатку було важко працювати. У мене було відчуття, що в англійській мові ці знаки підважать тональну загадковість оригінальної поезії. Натомість, ми виявили, що використання додаткових тире більш ефективно позначало одиниці синтаксису, а це в свою чергу підкреслювало образність та залишало простір для швидких емоційних перепадів.

Перші переклади вказали нам на приблизний напрямок і форму, яких мав набирати наш рукопис. Але зрештою нам потрібний був майже рік, щоб упорядкувати книгу і розділити її на п'ять частин. Кожна частина відповідає одній із сторін духовної та емоційної подорожі Наталки від відчаю та передчуття лиха до прийняття та подолання себе.

Ліричні вірші Білоцерківець вже давно знаходили у мені глибокий резонанс. Рух між мовою, голосом і потребою тиші нагадує те, що я часто переживала впродовж свого життя, виростаючи донькою емігрантів з України. Це перепади між яскравими, повними емоцій спогадами — які ми розділяли в громаді через розповіді та пісні — та довгими періодами мовчання, коли загострювалися почуття відчуження та самотності. Як поет-початківець, я відчула на собі величезний вплив її здатності поєднувати ці два протилежні стани. Наталка надихнула мене на написання вірша «Листопад»,

to my lips,
soothing and green,
the word between words.

"Untitled"

As translators, Ali Kinsella's and my challenge was to transfer from Ukrainian into English a voice that thrives on abbreviation and vibrant imagery. We had to ensure that the essential elements of lyric and narrative poetry—music, imagination, story, structure, and lyric intention—remained in harmony, considerations that can easily fall out of balance when translating from one language to another. For example, repetition in Ukrainian has a musical, incantatory, effect that doesn't translate as well into English. Also, the frequent use of exclamation marks and ellipses was, at first, difficult to work around. I felt in English they compromised the original poem's tonal mystery. Instead, we found that the inclusion of em dashes more effectively marked syntactical units, in turn, highlighting imagery while also allowing for quick emotional shifts.

Early translations provided a glimpse into the direction our manuscript might take. But it took us nearly a year to shape a book into five sections. Each section reflects some aspect of Natalka's spiritual and emotional journey from despair and a sense of foreboding to acceptance and self-transcendence.

Bilotserkivets's lyric poems have long resonated deeply with me. The movement between language and voice and requisite silence echoes what I often felt growing up as a daughter of immigrant Ukrainian parents. Shifts between vivid, emotionally charged recollections—shared in our community as stories or songs—and long periods of silence in which a sense of alienation and solitude were keenly felt. As an emerging poet, I was greatly influenced by her ability to negotiate these two states. "November," the opening poem of my third book, *Except for One Obscene Brushstroke*, in which the speaker is both awakened through the powers of poetry while also being rendered soundless, was inspired by and dedicated to Natalka.

English readers more recently familiar with Bilotserkivets's work often point to her as a poet of witness—her poem "May" about the Chornobyl disaster being the most famous example. But she is also a poet of observations imperceptible on typical human timescales. When Grace Mahoney introduced Ali to me in March of 2020, no one was yet fully aware of the devastating global impact of

яким відкривається моя третя збірка віршів, «Крім одного непристойного мазка» (Except for One Obscene Brushstroke). У цьому вірші, присвяченому їй, лірична героїня водночас і пробуджується завдяки силі поезії, і водночас німіє.

Англомовні читачі, які знайомляться з творами Білоцерківець, часто звертають увагу на її поезію свідчення — найбільш відомим прикладом є її вірш «Травень» про катастрофу на Чорнобильській АЕС. Але вона є також поеткою спостережень, які зазвичай є непомітними в мірилі звичного людського часу. Коли Ґрейс Магоні познайомила мене з Елі у березні 2020, ніхто ще не знав повного обсягу наслідків глобальної пандемії COVID-19, чи ідеологічного та суспільного зсуву, який вона спричинить. Карантин змусив всіх нас замкнутися у малих внутрішніх просторах, природу яких цілком і повністю населяють її вірші, згадуючи чудовий рядок поетки та есеїстки Джейн Гіршфілд: «Лише коли я довго зберігаю тишу / і нічого не говорю, / предмети мого життя зближуються зі мною». Переклад поезій Наталки Білоцерківець дав нам можливість зблизитися із життям іншої. Можливо, це і є найбільший дар перекладу.

Дзвіня Орловська
Переклав Богдан Печеняк

the COVID-19 pandemic, the ideological and societal dislocation it would cause. Quarantine forced us into smaller interior spaces, the nature of which her poems fully inhabit, recalling the wonderful line by poet and essayist Jane Hirshfield: "Only when I am quiet for a long time / and do not speak / do the objects of my life draw near." Translating these poems by Natalka Bilotsesrkivets has given us the opportunity to draw another's life near. Perhaps this is greatest gift of translation.

—*Dzvinia Orlowsky*

ПРОЛОГ

PROLOGUE

ДІТИ

...а ми, старі, кому й за сорок...

—Р. Олдінгтон, «Смерть героя»

В ту ніч,
    коли нове тисячоліття
розіб'є товщу снігу і морозу,
як паросток, —
    в ту новорічну ніч
ви підлітками будете. А ми —
а ми, старі, вже декому й за сорок,
відлучені від молодого гурту
своїх дітей, —
    ми зберемося теж,
тридцятилітні нинішні поети.

Вже зараз бачу постаті ясні
дівчаток з таємничими очима,
вже зараз чую хлопців голоси,
ламкі від суперечок і освідчень, —
що вони роблять за стіною, там?
Що збуджує тоненьке хихотіння,
щасливий шелест рухів —
    це вино? наркотики?
Це юність? це кохання?

...А ми, старі, вже декому й за сорок, —
з набряклими обличчями й тілами,
затисненими в новомодні строї
та невиразне прагнення
    хоча б справляти враження —
ми тихо сидимо.
    Часом котрий
згадає, що вдягалося, й пилось,
і слухалося у тісних кав'ярнях

CHILDREN

but we're old, some even over forty

—Richard Aldington, *Death of a Hero*

On that night
     when the new millennium
breaks like a sprout
     through the crust
of snow and frost—
     on that New Year's Eve,
you will be teenagers. But we're old,
some over forty, banned
from youth by our own children—
     we'll also gather together
the thirty-something poets of today.

I can already clearly see the figures
of girls with mysterious eyes,
hear the boys' voices, broken
from disputes and declarations.
What are they doing behind the wall, there?
What excites their hushed laughter,
the carefree rustle of movement—
     is it wine? drugs?
is it youth? love?

But we, the old ones, some even over forty,
with bloated faces and bodies,
squeezed into fashionable clothes
and the faint desire
     to at least make an impression—
we sit quietly.
     Sometimes someone
remembers what we wore and drank
and listened to in cramped cafes

в часи застою... В неповторні дні
краси, надій, тривог і смутків наших!..

Що вони роблять за стіною, там, —
ці немовлята в ліжечках ясних,
ці образи ламких ночей безсонних,
пришельці з іншого тисячоліття?
...Від нас ви ліпші будете. Якщо
не зрадить вам зоря щасливих змін,
що так нерано зблиснула над нами.

in times of languor—in eccentric days
of beauty, hope, worry and sorrow.

What are they doing there behind the wall,
these newborns in their light cribs,
these images of fragile, awakened nights,
aliens from another millennium?
You'll be better than us. If you're not
betrayed by the star of happy changes
that flickered above us so late.

I

Яких тисячоліть м'які сади
зустрінуть нас тремтінням білосніжним?

Елегія липневої грози

I

Which millennia's soft orchards
wait to greet us with their snow-white shiver?

"Elegy to a July Storm"

ПЕРЕД ГРОЗОЮ

Дитина у траву високу забрела,
мов камінець у море — з головою.
Наївний згусток світла і тепла
враз огорнувсь похмурою травою.
Уже на сході хмара дощова
гойдалася, наповнена грозою,
і гралася природа нежива
важкого неба першою сльозою.

І механічний скрип старих дерев,
неначе скрип заржавлених дверей —
з одного світу в інший — поступово
нам відкривав інакший, дикий час,
що рухався, не знаючи про нас,
не скутий і не названий на слово.

Шипшини кущ і дикий виноград,
малинник, де здрібнілих ягід ряд
кривавився безболісно і сухо, —
усе завмерло в позах вартових
і, мов на декораціях старих,
людській виставі озивалось глухо.

Не молода і вічно — не стара,
так ось яка ти —
                            мати і сестра,
природо недоторкано холодна!
Війна світів! Бунтують ліс і сад,
і страшно нам вертатися назад,
у каятті на материнське лоно.

Тут від озону пухне голова,
і губить мозок рятівні слова,
і зір не здатен витримати зелень...

BEFORE THE STORM

A child wandered into
overgrown grass like a stone
tossed into the sea.
Immersed in gloomy green,
a clot of light and heat.
In the east, a rain-filled stormy
cloud had already begun to sway.
Nature took to the stage with a first tear
and across the heavy sky played.

The mechanical creak of old trees
was like the creak of a rusty door.
From one world into another—it
revealed a different, untamed flow.
It moved without knowing of us,
unconstrained, unacquainted by name.

Rosehips, wild grapes, the raspberry
bush's diminishing rows—wizened berries
bled dryly without a trace of pain.
Everything froze in a guard's pose—
as if on an old stage set
human performance was dismissed
unseen, without applause or voice.

Neither eternally young nor old,
like you, sister and mother—
O nature, pristinely cold!
Here in warring worlds,
the forest and orchard rebel!
In repentance, a dreaded return
to the womb.

Here heads swell from ozone
and brains forget redeeming words.

І лиш дитина — ще сама трава —
безстрашно йде, і шлях нам відкрива,
І злизує з руки зелену землю.

Because sight cannot withstand the green,
only the child, like grass,
fearlessly reveals the path—
and licks brightly colored
earth from her hands.

ВИНО АНГЕЛІВ

Є лагідна земля, де діви мов кришталь,
а діти ніби сталь — незламні неодмінно;
де ангелів вино в холодній тиші заль
п'ють змієборці, ставши на коліно.

Є лагідна земля, конаюча трава,
там, де дракон співа, чекаючи віками.
Нахилена його розумна голова,
габа могутніх крил гаптована квітками.

Червоний колір скель, де келії ченців,
де у нужді осель горять камінні чаші;
де ангелів вино невидиме давно,
як сльози на ріці, як мертві душі наші.

Тут перемог нема, й поразок теж нема;
тут скорпіон дріма в ногах рододендрона.
І в сяєві вікна — божественна пітьма,
неначе письмена на шкірі скорпіона.

WINE OF ANGELS

There's a peaceful land of maidens crystal-pure,
where children are as unbreakable as steel
where snake-victors kneel and drink
the wine of angels in silent, frozen halls.

There's a peaceful land of grasses
where the dragon sings for eternal hours.
He waits, his wise head bowed,
powerful wings embroidered with flowers.

Monks dwell in cells among burgundy rocks.
Fire burns inside their stone bowls.
And the wine of angels can't been tasted or seen
like tears in a river or in our dead souls.

Here no victories or failures prevail.
The scorpion sleeps at the foot of the rhododendron.
And in the window's light—a sacred darkness,
like writing on a scorpion's scales.

translated by Dzvinia Orlowsky

ПРИРОДА

Тут ми були маленькими дітьми.
День жвавий, сонячний; і раптом тихо, тінно,
снує павук вологе павутиння
поміж гіллям, гілками, між гільми
великими… Тут пень столітній тліє,
тут мох росте, тут світла кров темніє,
тут груди переповнились грудьми —
це тайна, тайна, тайна! На, візьми!

І груди переповнились грудьми.
Руда лисиця перебігла, збігла,
пала опале листя. Тут любили,
на жовтім листі тут лежали ми
і цілувались… О, я пам'ятаю,
що між лопаток ніжний відтиск маю —
ламке тавро кленового листка.
Це тайна, тайна, тайна! Не зникай!

Ламке тавро кленового листка —
це все, що нам природа залишила.
Вона так гордо, гірко відступила,
нас кинувши у глибині мішка
чотиристінного… Ми зрідка чуєм звуки,
немов торкають камінь свіжі руки
і хтось нам простягає оберіг…
Це тайна, тайна, тайна! Сльози, сміх…

NATURE

We were small children here.
The day lively, sunny—then quiet, shadow.
A spider weaves its damp web
between branches, twigs, giant sticks.
Here, a hundred-year-old stump smolders.
Here, moss grows; its bright blood darkens.
Here, our overwhelmed breaths.
Take their secrets!

Here, our overwhelmed breaths.
The red vixen fled;
the fallen leaves died.
Here, we loved,
on yellow ones we lay
and kissed. Oh, I remember
between my shoulders,
a gentle impression,

the fragile mark of a maple leaf.
It's a secret. Don't disappear!
Its breakable trace
is all that nature left us,
proudly, bitterly retreating,
abandoning us to the depths
of a four-walled sack.
We rarely hear sounds—
hands touching a stone for the first time,
someone offers a talisman.
It's a secret—
tears, laughter.

ЕЛЕГІЯ ЛИПНЕВОЇ ГРОЗИ

Гроза, гроза!..
Як щемно, як тривожно,
щасливо як! Повітря крізь вікно
вривається, мов світляний потік,
і теплий дощ стоїть непереможно
над корневищами могутніх рік.

Тоді болить у грудях молоко,
дитина скрикує і ротиком жадливо
хапа повітря,
                      і в раптовім світлі
грози липневої
                      не розгада ніхто
в зіницях темних, ув очах безтямних
якоїсь думки, світлої, мов злива
тут, на майдані висохлого світу.

Сплетіння вічних вулиць перед нами!

Ми підемо туди... Але куди
іти таким безпомічним і ніжним?
Яких тисячоліть м'які сади
зустрінуть нас тремтінням білосніжним?
Куди нас приведуть пітні сліди
минулих поколінь в камінні книжнім,
де запах крові, боротьби, біди
у хаосі сплелися дивовижнім?

Притиснувши до себе крик нічний,
ми рушимо... Куди ж нам вирушати?
Стоїть в очах порожній зір скляний —
далеких зір холодні каземати.
Ми звідти прилетіли в світ живий,
і в мареві будинків пологових

ELEGY TO A JULY STORM

A storm! A storm!
How debilitating, how alarming.
How cheerful! From outside the window,
air gusts in like a stream of light.
and a warm rain falls unavailingly
above labyrinthine roots of turbulent rivers.

Then your breasts, heavy with milk, hurt.
The child wails, its mouth greedy
gasping at the air
            and in the sudden light
of a July storm.
            No one would guess
in the dark pupils, the unsure eyes,
a certain thought, bright as a storm—
here on the plaza of the withered world.

A tangle of eternal streets before us!

We're going there. But how
can we, helpless and tender, go?
Which millennia's soft orchards
wait to greet us with their snow-white shiver?
Where will the wet tracks of past generations,
of books written in stone, lead us—
the smell of blood, struggle, trouble
intertwined in bewildering chaos?

Having pressed the nighttime cry to your body,
we move . . . But where can we go?
Cold casemates, distant stars
in the eyes of empty glass sight,
From there we flew into the living world.
And in a dream of maternity wards

ще довго ворушився восковий,
блідий вогонь любовей загадкових.

...Немов секундна стрілка, як лоза
на виноградниках часу людського –
ніч
солодка, і щаслива, і безтямна.
Гроза, гроза!..
На каменях облич –
сплетіння вічних вулиць перед нами.
Чи вбереже тебе моя сльоза
на цій межі буття із небуттями?

І ніч, і ніч, і ніч...

the pale, waxen fires of mysterious love
have been stirring.

Like a second hand, like a vine
in the vineyards of human time—night,
sweet and happy and senseless.
A storm, a storm!
On stone faces—
the tangle of infinite streets before us.
Will my tears protect you
on this border between being
and non-being?

And night, and night, and night . . .

КАМІНЬ

У юрбі між людей, там де галас і сміх,
голос плоті і втіхи, —
наче камінь в пустелі, відкритий для всіх,
я стоятиму тихо.

Під поверхнею шкіри і шрамів, і плям —
чути шелести чорні.
Кам'яною рукою затиснений там
імпульс магми і форми.

Там од кінчиків вій і до кінчиків ніг —
ті, що снились ночами;
навіть ти, хто останній у списках моїх, —
із твоїми перснями!

Ніби ґудзики, зірвані з марних одеж, —
зорі, зірвані з неба.
Кам'яною рукою скерований жест
усередину себе.

STONE

In the middle of a crowd among clatter and laughter
where the voice of body and pleasure sound,
like a large exposed stone in a desert,
I stand quiet.

Beneath the surface of skin, scars and stains
a black riffling.
A stone hand clutches
the impulse of magma and form.

There, from the tips of eyelashes to tips of toes—
all those whom I dreamt of each night;
even you, the last on my lists—
with all your rings.

Like buttons from useless clothes,
stars fail torn from the sky.
The stone hand turns,
points inward toward me.

translated by Dzvinia Orlowsky

МЕТРО

поїзд метро
перелітає Дніпро
наче пустелю

млява юрба
ніби скорчений плід прогляда
в лоні вагоннім

звіре ясний
ти заповнюєш простір скляний
світлом і тліном

спиниться час
але далі летить за Дніпро
поїзд метро

METRO TRAIN

flies over the Dnipro
like it's a desert

people droop—
shriveled fruit on display
in the train-car womb

O clear beast, you
fill glass
with light
and smolder!

time stops
but across the Dnipro
the metro train
flies

＊＊＊

Тобі тринадцять років.

—Галактіон Табідзе

В забутім закутку занедбаного міста
тобі тринадцять років.
                      Як лоша,
твоя велика скупана душа
така ж незграбна і зухвало чиста.

І рук тонких, і довгих ніг твоїх,
і чорних брів з-під гриви золотої,
м'ячів… скакалок… ролерів… Доріг! —
о, як шкода для долі нелегкої.

Та недарма поет себе протяв
тринадцятьма кинджалами! Немарно
тринадцять руж тобі на лоно склав!

…Аби пізнала ти любов і тяж,
і в старості нікчемній і бездарній
був син, що тіло матері обняв.

IN A FORGOTTEN CORNER

You are thirteen.

—Galaktion Tabidze, *Georgian poet (1892–1959)*

In a forgotten corner of a neglected city
you are thirteen.
                    Like a foal,
your big, bathed soul's so
ungainly and fearlessly clean.

Skinny arms, long-legged,
dark eyebrows under a golden mane—
catching balls . . . jumping rope . . . roller skates . . . Roads!
Oh, pity a difficult fate.

No wonder the poet pierced himself
with thirteen daggers! Not in vain
did he place thirteen roses on his chest.

So you may know the weight of love.
So in impotent, useless old age,
you have a son who embraces his mother's body.

ХОР ХЛОПЧИКІВ

Пам'яті Ернста Юнґера

Це хлопчики, що приручають змій.
Вони безстрашні, і вони співають.
Їх білі сорочки, неначе сніг
над свіжою могилою, літають.

Під чорним оксамитом їх штанців
горять коліна, зідрані в походах
на мармурових скелях. Голоси
тонкі, але ще тонший чистий подих.

Їх абсолютний слух гримить, як грім,
від капловухих вух до ніжних ребер.

...Немає фальшу в почутті моїм
до Тебе, мій Володарю, до Тебе.

О ця любов, холодна і ясна,
ця честь сталева;
немов кристал, солева й крижана
і кришталева!

Це ті уста, що закривають шов
на рані сонній;
неначе кров, що крапле з підошов,
стає росою.

Це та любов, що приручає змій
і б'є без жалю;
і вбити може, якщо образ Твій
змигне з кришталю

і вкаже пальцем на кривавий шлях
поміж покоси,
де сніг лежить на мертвих кораблях
і сплять матроси.

BOYS' CHOIR

In memory of Ernst Jünger, German writer (1895 - 1998)

Some boys tame snakes.
They're fearless, and they sing.
Their white shirts flutter
like snow over a fresh grave.

Beneath the black velvet of their pants,
their scraped knees burn from climbing
up marble cliffs. Their voices are thin,
but their pure breath is thinner.

Their perfect pitch resounds like thunder
from their young ears to their tender ribs.

. . . There is no falsehood in my feeling
for You, my Lord, for You.

O this love, cold and clear,
this steely honor—
salty and icy,
crystalline.

Lips close the seam
on the sleepy wound;
blood drips like dew
from the soles.

It's that love that tames snakes
and destroys without pity.
It can kill if Your image
winks from its crystal glass,

points to the bloody path
between reapings
where snow lies on lifeless ships
and sailors sleep.

. . .

Де мушля, ніби вухо, на піску
передчуває осені прихід,
в напівзруйнованім чагарнику
реліквій літніх догниває слід.

Між сигаретних пачок і шприців —
то зламане, то зігнуте стебло.
І на широкій західній ріці
гниє останнє золоте тепло.

Хто сильний, той ламається; слабкий —
він тільки гнеться, щоб устати знов;
і все, що треба — тільки дві руки:
розсунуть слід гумових підошов.

Я також маю дві руки свої
і зір, що гасне, дивлячись на Схід,
і слух, що чує лиш слова Твої,
як мушля чує корабельний слід.

A SHELL LIKE AN EAR

Where a shell like an ear on the sand
anticipates autumn's arrival, and in the half-
ruined shrubbery of summer relics,
catches its trace.

Between cigarette packs and syringes,
broken stems bend,
and on the wide western river,
last golden warmth dies.

Whoever's strong, breaks; whoever's weak,
only rots to rise again.
Two hands are all that are needed
to divide tracks of rubber soles.

I, too, have my own two hands,
eyesight that's fading, looking to the East,
hearing that catches only Your words,
like a shell that hears traces of ships.

ЛІТО

I

Вранці груші ми збирали
у саду, що повен соку,
і сушити груші клали
серед двору на рядні.
Гризли груші на осонні
жовті оси напівсонні,
але дещо залишили
на узвар тобі й мені.

Трошки цукру, трошки меду,
і води, й вогню м'якого
схолодити, перелити
у кухлята глиняні.
І узвар на славу буде!
Гляне літо незабуте,
поповзе оса знайома
на барвистому рядні.

II

Полинами, полинами
бігло літечко за нами.
З червня в липень, з липня в серпень,
та й упало із плачем...
Ходить півник по городі,
носить зернятко у дзьобі.
Влігся котик на животик
під малиновим кущем.

Де ж ти, літо? Де ж ти, літо?!
В літа ніженьку забито,
літо слізками умито,
вкрито листям і дощем.
Півник — в горщик, теплий борщик.

SUMMER

I

We gathered pears in the morning
in the garden filled with juice
then laid them out to dry
in the yard on the blanket.
Drowsy yellow wasps
chewed on the pears in fall,
but they left some for
you and me to make uzvar.

A little sugar, a little honey,
water and a gentle fire,
cool it down, pour it
into clay mugs.
A glorious nectar!
Reminiscing, summer will glance
back, a familiar wasp crawls
on the colorful blanket.

II

Among the wormwoods,
from June to July, July to August,
summer ran behind us
then collapsed in tears.
The rooster strutted around the garden
carrying grain in his beak.
The cat lay on its belly
under a raspberry bush.

Where are you, summer?
Hammered into small deaths,
washed in tears,
covered in leaves and rain.
The rooster—in the pot, warm borshch.

Виріс котик — жовтий хвостик...
Тільки зернятко лишилось
під малиновим кущем.

The cat, grown—yellow tail . . .
Only a seed remains
under the raspberry bush.

ГЕРБАРІЙ

Нема нічого кращого, ніж запах
дитячого волосся... лиш фіалка
засушена так пахне... лиш пелюстка
непевно-синьоока на тонкій
стебельній шийці... і, як двоє пліч,
два делікатно склеєних листочки...

Найкраще те, що майже непомітне —
бо соромливе... ось, наприклад, запах...
або дитинство... або, навіть, смерть,
хоч її віддих все-таки солодкий,
вимогливий...

...Учора він читав і малював,
сьогодні трохи грав у кошиківку
і на кларнеті. Сотні звичних справ
йому ледь-ледь обридли. Все частіш
він думає про мандри босоніж,
і свіжий вітер свердлить, ніби ніж,
сопілчаний тунель в космічній тверді.

Чи ж візьме Бог у подорож зерно,
щоб виростити рис або пшеницю?
Чи покладе в кишеню заодно
малого звіра і невинну птицю?
Щоб у новій небаченій землі
землі цієї відновить породу
і, ніби статуетку на столі,
поставити Людину в нагороду?

...Але усе частіш його рука —
як хлопчика чи, може, старика —
спиняється на грубім фоліанті
у шкіряній оправі, де життя

HERBARIUM

There's nothing better than the scent
of a child's hair—only a dried violet
smells like that, only the petals
of a bluebell on its delicate stalk neck,
two lightly joined leaves
like shoulders.

The best is almost imperceptible
because it's shy: a smell, childhood
or even, death—
though its rest is so sweet,
so exacting.

Yesterday he was reading and drawing,
today he played a little basketball,
the clarinet. Hundreds of ordinary matters
have bored him a little. Most often
he thinks about barefoot wanderings.
The wind drills a whistle tunnel
in the cosmic blue.

Will God take grain on his journey
to harvest some rice or wheat?
Will he stow together in his pocket
a small beast and an innocent bird
to restore the breed on new
unseen land of this earth
and, like a trophy on a table,
offer a human being as a reward?

But more often his hand,
like a boy's or, perhaps, an old man's,
pauses on a thick folio
in a leather cover where life

не має ні ваги, ні почуття,
ні навіть сенсу. Де папір тонкий
відслонює на іншому папері
засохлі злаки, листя і квітки,
красу як пам'ять, як таємні двері,
гру в запахи і втрачені думки.

has neither weight nor feeling,
nor even sense. Where the thin paper
exposes other paper,
dried cereals, leaves, and flowers,
beauty as memory, as secret doors,
a game in smells and lost thoughts.

ДИТИНСТВО

Вся у синцях, подряпинах, зеленці —
куди ж ти знов повзеш, чого шукаєш знов
поміж стільців і шаф у цій кімнаті,
де пахне пилом від старих портретів,
дитячих, молодих колись облич...
О промінь сонця на портретнім склі,
волога темрява повільного смеркання!

Якась гримаса кривить їм уста —
дитячі, юні — все ж таки старі
від довгих літ, розтрачених ілюзій,
розпроданих чеснот, страждань, тривог,
всього, що пролетіло поза склом,
як цвіт вишневий, як осінній запах,
зимовий пил померлих павутинь.

О полчища минулих поколінь
над ніжною фігуркою твоєю!
Всі, як солдати, в білих комірцях
шкільних, у напрасованих суконках,
з ляльками на колінах, із книжками,
притиснутими міцно до грудей...
Як тисне час! Минає день за днем;
одних нема, а інші — тільки тіні.

І тільки білі стіни хат сільських,
вишневий цвіт за стінами, і далі —
осінні запахи лісів і рік,
зимовий пил заблуканих доріг —
єднають нас, померлих і живих,
в одній надії і одній печалі
з дитям, що задрімало біля ніг.

CHILDHOOD

Covered in bruises, scrapes, brilliant green,
where are you crawling now, what are you looking for
between the room's chairs and cabinets,
the dusty smell of old portraits
of children, their once-young faces?
Ray of sun on the portrait glass,
damp darkness of slow twilight!

A grimace curls their lips—
children, once young—but now old—
long years
of illusions squandered,
virtues sold,
sufferings, anxieties,
everything that flew past the glass
like a cherry blossom, an autumn scent,
a winter dust of desiccated cobwebs.

Hosts of past generations,
everyone like soldiers in white
school collars, in pressed
dresses, dolls in their laps,
books held tight
to their chests . . .
How time advances, day following day—
some gone,
others, shadows.

And only the white walls of village houses,
cherry blossoms beyond the walls, and further—
autumn perfumes of forests and rivers,
winter's dusted wandered roads
unite us, dead and alive—
in one hope and one despair
with the child who has fallen asleep at our feet.

II

...Який же бруд зустріне подвиг твій —
знамена білі вічних полонених?

Перший сніг

II

What dirt will greet your feat—
white banners, eternal captives?

"First Snow"

. . .

Тремтить вода у склянці, і тремтить
від холоду. І дрож її жіноча —
від холоду. Тепер холодні ночі,
ще мить, і перше листя облетить.

Вже рік любові нашої минув,
а все, здається, запах листя того
і та ж вода у склянці. І недовго
до цього року, що уже минув.

І черевик, відкинутий убік,
і на стільці одежа. І до ранку
якийсь тунельний вітер пінить склянку:
ще мить — і з неї вирветься потік.

Так що тоді століття? Може, крок,
якщо горить тунель чорношовковий,
і вересень — лиш вигук випадковий,
і все життя — потік або ковток.

THE WATER TREMBLES

The water trembles
from cold. Like a woman it trembles.
And the nights too are cold.
Soon first leaves will fall.

A year of our love has passed,
but still the smell of leaves remains the same,
and the glass remains the same.
And soon, another year is already gone.

A shoe tossed to the side,
clothes flung on a chair. By morning
a wind foams in the glass—
before long, a stream will burst out of it!

What's a century? Maybe only a step—
The black silk tunnel burns
and September's an accidental scream—
life, a stream or a sip.

translated by Dzvinia Orlowsky

ДЕНЬ ОПІСЛЯ

Знесли з горища ящик старих паперів.
Мовчки сиджу на підлозі над мотлохом давнім,
слухаю дзвони дзвіночків травневого світла.

Серед учнівських конспектів дівочий щоденник,
запис обірваний вже на десятій сторінці,
дата відсутня. Записки, листівки, листи,
деякі з них... — але, мабуть, я більш не побачу
авторів почерків цих божевільних листів.

Стос фотографій, багато іще чорно-білі.
З ними сиджу на підлозі у променях світла.
Ніби акваріум, колба скляної веранди,
де метушаться відбитки забутих облич.
Але не можу одного знайти, що шукаю.

Дата напевно нічого б мені не сказала,
тільки щось трапилось там, на десятій сторінці:
чорні широкі зіниці іскристих очей,
біле сум'яття іще не засмаглої шкіри,
колба скляного повітря наступного дня.

THE DAY AFTER

A box of papers brought down from the attic,
I sit silently on the floor over old junk
listening to bells ringing in May light—

Among the study notes, a girl's diary
interrupted on the tenth page, the date missing.
Entries, postcards, letters—some . . . but . . .
I'll probably never again see
who wrote these crazy letters.

Stacks of photos, mostly black and white.
I keep them company on the floor in rays of light
as if in an aquarium or a glass globe
where imprints of forgotten faces flicker.
But I can't find the one I'm looking for.

The date would've told me nothing—
only that something happened on page ten:
widening black pupils of excited eyes,
the white shock of untanned skin,
a glass flask of air the next day.

З ПІСЕНЬ МОЄЇ МОЛОДОСТІ

...

When I was a student of the university

Того життя, коли ми зодягали
сорочки й сукні пристрасно червоні, —
його не буде більше.
                   Спопелів
той пляж; над морем попіл облетів.

Чиновників, чиновниць, пліткарів,
друкарок сіроносих благовірні
слова повчальні, подвиги безмірні —
мені це нецікаво. Облетів
над ними попіл, і немає слів.

...У кабаре, де молодість чужа,
в червоній сукні йде моя душа.
Там піаніно в закутках паркету —
зіграй на нім мелодію затерту:
він був студентом університету

from **THE SONGS OF MY YOUTH**

WHEN I WAS A STUDENT OF THE UNIVERSITY

That life no longer exists
when we passionately wore red
shirts and dresses.

Our beach was incinerated.
Ashes drift above the sea.

Officials, officialettes, gossips,
gray-nosed typists; pious
preached words; boundless feats
don't interest me. Ashes
fly around them, and
I have nothing to say.

In a cabaret filled with alien adolescence,
my soul walks by in a red dress.
There's a piano in a corner of the parquet.
Play an effaced melody on it:
he was a student of the university.

. . .

I wanna be your lover

я пам'ятаю довгу юну спину
під бітла стрижку
              та за все найбільш —
в кишені джинсів випраних єдиних
він мав прегарний кишеньковий ніж

маленькі леза стиснені пружинки
поверхня двох припаяних сердець
вузеньке тіло дівчини як жінки
коли нема кінця і є кінець

я хочу бути тим ким я не буду
я хочу стати хто вже є не я
я хочу знати чути — і забути
як вирізає ніж твоє ім'я

I WANNA BE YOUR LOVER

> "I Wanna Be Your Man"
>
> —*Lennon-McCartney*

I remember his long, young back
below the Beatles haircut
                    and most of all—
in the pocket of his laundered, single pair of jeans,
a beautiful pocket knife,

the small blades, compressed springs,
surface of two soldered hearts—
the narrow body of a girl as a woman,
of first unending passions.

I want to be who I won't be.
I want to become who already I'm not.
I want to know how to hear—to forget
how a knife carves out your name.

НІЖ

Ніж,
        щоб накраяти хліб.
Ніж — майструвати сопілку.
Ніж,
        щоб добити ягня,
вовком скалічене.
                Так
гола, суха і пісна
піниться раптом поверхня
потом очищених риб
в юшці Господнього дня.

Знак милосердя і сліз.
Без
        благодатного знаку
не доторкайся:
              це ніж,
музика, що убива.
Це вже не просто слова —
це та поезія
             без
слів,
            де трава омива
лезо небес.

KNIFE

A knife
      to slice bread.
A knife—to carve a whistle.
A knife,
      to finish killing the lamb
wounded by the wolf.
                         So

naked, dry, and lean
the cleaned surface of fish
foams with sweat
in Sabbath-day broth—

a sign of mercy and tears.
Don't
      touch it without a
blessing:
      this knife
is music that kills.
These aren't just words—
they're poetry
      without
words
      where grass washes
heaven's blade.

МІСТ

Повітря непорушне і гаряче,
як моє тіло. Вигнуте, як міст
над річкою. Таке мовчання, наче
п'ють солов'ї свій чорний алкоголь.

Немає звуків. Лише кольори
відтінки розстелили над водою.
Обличчям вгору — так було зо мною!
Такі ж, як спирт, великі вечори!

...Є катастрофи пам'яті. Вона
руйнується на знаки, на півтони,
деталі брил, конструкції перил,
припливи крові, формули любові.

Не пам'ятаю кольору очей,
але їх вираз — він усе ще тут,
коли згори униз
                на міст
                        лягає
фатальний ритм важких температур.

BRIDGE

The air is as still and hot
as my body. Arched like a bridge
over a river. It's so quiet—the nightingales
must be drinking their own black alcohol.

No sounds. Only color and shades
spread out across the water.
Face up—that's how it was with me.
Evenings as glorious as spirits!

There are memory catastrophes.
They collapse into signs, halftones, details
of blocks, construction of rail,
inflows of blood, formulas for love.

I don't remember the color of eyes,
but their expression's still here—
when a devastating pulse of extreme temperature
drops from above onto the bridge.

ПІКАССО. ДІВЧИНКА НА КУЛІ

Тому, що ти мужчина,
тому, що ти дорослий,
твоїй фізичній силі
в один кубічний метр
я протиставить хочу
себе, тонкого зросту,
свої дитячі рухи
і кулі круглу мить.

Як все іще нестало!
Як все ще не скінчилось!
Дзвенять в моїх зіницях
повітря і земля.
І навіть ти для мене
дзвениш великим тілом,
хоч ти дзвеніть не можеш,
вростаючи у куб.

PICASSO, GIRL ON A BALL

Because you're a man,
because you're grown up,
I want to contrast
your bodily strength
in one cubic meter
with mine—short stature
with childish movements
and the ball's round moment.

Everything hasn't yet happened.
Everything isn't yet over.
Earth and air still shimmer
in my pupils.
And you encircle me
with your large frame,
even though you can't quiver
having grown into a cube.

КІНО САМУРАЯ

Коли на червонім екрані
на білих подушечках мертвих облич
лежать ієрогліфи брів і очей,
неначе метелики, вишиті шовком, —
тоді я пригадую вечір в селі
за містом; потоки вишневого цвіту;
під ними, мов чашечки, сповнені кров'ю,
грядки колекційних тюльпанів.

Старий в окулярах на вічно сльозливих очах,
стара із ріденьким пушком над усе іще гордим чолом,
і двоє дітей з цокотанням пташок,
і двоє дорослих з обтічністю риб —
всі шестеро
на церемонії чайній
над чашечками закривавлених квітів.

...Так терпне у роті язик,
що смак рідини не впізнає;
так шепіт минає, а крик
кіно вимикає.
Так вишукана і легка
колекціонує рука
і голку у серці зразка,
як меч, повертає.

SAMURAI MOVIE

When on the red screen
on white pillows of dead faces,
hieroglyphs of eyebrows and eyes
like butterflies embroidered in silk,
then I will remember the evening in the village
outside the city—flows of cherry blossoms,
and beneath them, rows of rare tulips
like cups of blood.

An old man in glasses with tearing eyes,
an old woman with sparse hair above a still proud brow,
two children with the sound of twittering birds,
two adults, sleek as fish—
all six
at the tea ceremony
with cups of bloodied flowers.

. . . Thus the tongue grows numb in the mouth,
it no longer recognizes the taste of the liquid;
thus whispering fades, and a scream
switches off the movie.
So refined and easy,
the hand collects
and turns the needle
like a sword
in the specimen's heart.

СТАРІ КОХАНЦІ

...Коли ти на руці заснеш уранці,
я все лежу з усмішкою легкою
і стежу в зеркалі перед собою
два силуети... То Старі Коханці
(музей в Берліні, спогад юних літ —
там Отто Дікс розгледжений як слід,
з цікавістю веселою, смішною).

Парадоксальний дар — у сорок літ,
як і у двадцять. Ідіотська мрія —
привітом відповісти на привіт
спокусника — фарбованого змія;
солодкої знемоги давній плід,
відразою отруєний, нудьгою,
затиснути непевною рукою...
Але яка печаль!
           Вона зі мною —
як молодість, як страх... як заповіт.

О Господи, як страшно виглядать
із ліфта кроків і дзвінка у двері —
злочинна смерть! (Так жодна благодать
не спить в сокирі ніже в револьвері).
Хоч тестамент давно вже на папері,
проте ніхто не хоче помирать;
і шаленіє анемічна стать,
неначе міль у темнім шифоньєрі.

А ці дівчатка з комерційних ніш,
ці хлопчики, в чиїх кишенях ніж
з кондомами і баксами у злуці —
я думаю, вони старіші, ніж...
А втім, що знаю я про їхню ніжність
і пристрасть?..
           Що вона не більш,
як ще одна з музейних репродукцій?..

OLD LOVERS

In the morning when in my arms you fall asleep
I remain still, smiling softly,
gazing at two silhouettes
in the mirror before me . . . *Old Lovers*.
(I remember, many years ago,
in a museum in Berlin, Otto Dix
was appreciated with curiosity,
happiness, and humor.)

It's a paradoxical gift—at forty
or at twenty—an idiotic dream
to echo the tempter's
hello—the painted snake;
to squeeze with an uncertain hand
the ancient fruit of sweet exhaustion,
poisons of disgust, boredom.
What a pity!
                    It stays with me—
like youth, like fear, like a testament.

O Lord, how those last steps off the elevator
and the doorbell terrify—
a criminal death! (And no grace
lies dormant in an ax or a revolver).
Though the will has long been on paper,
no one wants to die—
raging pallid sex
like a moth in a dark closet.

And these girls from commercial niches,
and boys with knives in their pockets,
condoms and dollars in cahoots—
I think they are older than . . .
Yet, what do I know about their tenderness
and passion? . . .
                    Is it really not more
than just another museum reproduction?

＊＊＊

Життя просте і тихе,
і я його люблю.
Стоять навколо книги,
як трави у гаю.

Ласкаве і зелене,
йде слово між слова —
мов у губах у мене
ромашка лісова.

UNTITLED

Life is simple and quiet,
and I love it.
Books surround me
like grass in the grove.

Like chamomile
to my lips,
soothing and green,
the word between words.

ДІВЧИНА З КАВ'ЯРНІ

прощаючись — можливо назавжди
напевно назавжди —
старі коханців
в чужому місті забрели сюди

два столики під липами стояли
вони собі сиділи і мовчали
і дівчина їм каву принесла
і неймовірно юною була

було шовкове стрижене волосся
тату довкола ліктя обвилося
її коліна голі і сумні
вона говорить тільки «так» і «ні»

і за її тату у вигляді змії
за усмішку просту за кожне «yes» її
і за останнє «no» що їм готує Бог
ту каву як вино вони пили удвох

GIRL FROM THE COFFEE SHOP

saying goodbye—possibly forever
surely forever—
the old lovers came here
in an unknown city

two tables stood under the lindens
the couple sat in silence
and a girl surprisingly young
brought them coffee

her silken hair cut short
a winding tattoo on her arm
her knees bare and sad
she spoke only "yes" or "no"

and for her serpentine tattoo
her simple smile her every "yes"
and that final "no" God is preparing them—
together they drank their coffee
like wine

ВИНО САМОТНЬОГО

Антанасу А. Йонінасу

Запам'ятавши місце й час, прийшли
вони сюди й одне в одного стали —
бо в них єдині місце й час були.
Ні тінь коня, ні тінь собаки — грані

між їх самотності не провели.
                                        Вони
одне одного дихали дихання,
але одне про одного не знали,
бо віддалі — щоб знати — не знайшли.

Кульбаб дозрілих пух і сік стебла
текли в їх венах. На серцях лежав
старої кропиви листок різьблений.

Метелик захмелілий пролітав
з кінця в кінець їх замкнені тіла —
та вирватись не міг на луг зелений.

WINE OF THE LONELY

for Antanas A. Jonynas, Lithuanian poet (b. 1953)

Recalling this place and time, they
stood together in one line. Neither
a horse's nor dog's shadow nor loneliness
could cast a boundary
between them.

They breathed each other's breath,
but knew nothing of one another—
unable to find the distance
to know.

Ripe dandelion fluff,
and the juice of its stem
flowed inside their veins.
A carved old nettle leaf
lay on their hearts.

An intoxicated butterfly
flew the length
of their locked bodies
from end to end—
but couldn't break
free to the meadow green.

ЛИСТ

Вранці підеш за хлібом і за молоком.
Повертаючись, бачиш поштарку —
                                          виходить із вашого дому.
Як завжди, уявляєш її двох дітей-школярів:
ви, здається, ровесники з нею.

Два десятки синіх поштових скриньок.
Твоя справа внизу за номером 20.
На брелку із ключами крихітний ключик.
Газети, рахунки, листи.

Півтори години сидиш над білим конвертом,
роздивляєшся марки, поштові штампи.
І не можеш ні обрізати, ні надірвати,
розтинаючи літери на зворотній адресі.

Заховай його глибоко, глибоко до письмового столу,
як пелюстки зов'ялої квітки до томика віршів,
як жменьку попелу.

Якби взяти спалити це тіло, якби залишити
тільки дух, тільки промені X на рентґені хребта,
тільки юні хребці під невидимою поверхнею,
під чиїмись руками,

що пестять від шиї до стегон.

THE LETTER

You go out for bread and milk in the morning.
Returning, you see the mailwoman—
                    she's walking away from your house.
As usual, you imagine her two schoolchildren.
It seems you and she are the same age.

Two dozen blue mailboxes.
Yours, number 20, is at the bottom on the right.
A delicate key on a ring.
Newspapers, bills, letters.

You sit with the white envelope for an hour and a half,
studying stamps, cancellation marks.
And you can neither cut nor tear
nor dissect the letters of the return address.

Hide it deep inside your writing desk
like wilted flower petals in a volume of verse,
like a handful of ashes.

If you could take and burn this body, if you could leave
only the spirit, only the x-rays on a spinal image,
only the young vertebrae under an invisible surface,
under someone's hands,

stroking from neck to thigh.

ПЕРШИЙ СНІГ

І раптом, різко підписавши лист,
дивлюсь: іде із неба перший сніг.
Нічний, тривожний, наче луг чи ліс,
з обох сторін покреслений навхрест;

заклеєний осмаглим язиком,
мов у Татьяни вранці на світанні, —
він пролітає тихим рукавом,
нервовим сном відісланої тайни.

...Який же бруд зустріне подвиг твій —
знамена білі вічних полонених?
О, ці обійми в пам'яті моїй —
від хлопчика, молодшого за мене!

...І страх, і вірш, і лист, і за вікном
твоє вікно стоїть над деревами,
«Я Вас люблю так палко, так давно», —
шепочучи розталими словами...

FIRST SNOW

Suddenly, having signed the letter,
I look up: a first snow is falling.
Nighttime, uneasy, like a meadow or a forest,
canceled on both sides,

sealed with a dried-out tongue,
like Tatiana's at daybreak.
It flies in a quiet sleeve, in anxious
sleep of dispatched secrets.

What dirt will greet your feat—
white banners, eternal captives?
O, those remembered embraces
from a boy younger than I!

And fear, and verse, and letter—and outside
the window, your window, above the trees,
I loved you so passionately, for so long,
whispered in melting words.

III

і шлях до раю в'ється, ніби стяг,
і понад пеклом сяє саркофаг.

Сухішає, витончується шкіра...

III

the path to heaven flutters like a banner
and a sarcophagus shines over hell.

"Skin Gets Drier and Thins"

. . .

Я помру в Парижі в четвер увечері.

– Сесар Вальєхо

забуваються лінії запахи барви і звуки
слабне зір гасне слух і минається радість проста
за своєю душею простягнеш обличчя і руки
але високо і недосяжно вона проліта

залишається тільки вокзал на останнім пероні
сіра піна розлуки клубочиться пухне і от
вже вона розмиває мої беззахисні долоні
і огидним солодким теплом наповзає на рот
залишилась любов але краще б її не було

в провінційній постелі я плакала доки стомилась
і бридливо рум'яний бузок заглядав до вікна
поїзд рівно ішов і закохані мляво дивились
як під тілом твоїм задихалась полиця брудна
затихала стихала банальна вокзальна весна

ми помрем не в Парижі тепер я напевно це знаю
в провінційній постелі що потом кишить і слізьми
і твого коньяку не подасть тобі жоден я знаю
нічиїм поцілунком не будемо втішені ми
під мостом Мірабо не розійдуться кола пітьми

надто гірко ми плакали і ображали природу
надто сильно любили
                       коханців соромлячи тим
надто вірші писали поетів зневаживши
                     зроду
нам вони не дозволять померти в Парижі
                           і воду
під мостом Мірабо окільцюють конвоєм густим

WE'LL NOT DIE IN PARIS

I will die in Paris on Thursday evening.

—César Vallejo

You forget the lines smells colors and sounds
sight weakens   hearing fades   simple pleasures pass
you lift your face and hands toward your soul
but to high and unreachable summits it soars

what remains is only the depot   the last stop
the gray foam of goodbyes lathers and swells
already it washes over my naked palms
its awful sweet warmth seeps into my mouth
love alone remains though better off gone

in a provincial bed I cried till exhausted
through the window   a scraggly rose-colored lilac spied
the train moved on   spent lovers stared
at the dirty shelf heaving beneath your flesh
outside a depot's spring passed   grew quiet

we'll not die in Paris   I know now for sure
but in a sweat and tear-stained provincial bed
no one will serve us our cognac   I know
we won't be saved by kisses
under the Pont Mirabeau murky circles won't fade

too bitter we cried   abused nature
we loved too fiercely
                our lovers shamed
too many poems we wrote
                disregarding poets
they'll not let us die in Paris
and the alluring water
                under the Pont Mirabeau
will be encircled with barricades

Translated by Dzvinia Orlowsky

* * *

Ще не всі повернулись. Не всі імена ожили.
Ще над злочином кожним покрови мовчання не
   зняті.
Під будівлями сірими тіні похмурі лягли —
Дайте їх родовід, від тридцятих по вісімдесяті!

Де машина державна трощила кістки і мізки,
Де недавно іще не спинялась кривава робота —
Хай зійдуть імена на сухі казахстанські піски,
На піски золоті Колими, на мордовські болота.

Допустіть до архівів — до списків, доносів, заяв,
До м'яких розпоряджень, червоних твердих
   резолюцій,
Щоб пізнати в лице, хто роздмухав з жовтневих
   заграв
І спустошив країну пожежами контрреволюцій!

...Тут народ вимирав. Тут горілка чавила батьків.
Тут чамріли ровесники від ацетону і року.
А вгорі пропливали могутні портрети, вождів,
Ворушилися вуса, напучливо кущились брови...

І коли я дивлюсь на дерева в рожевій росі,
На дітей, на квітки медяні, що блукають лугами, —
Ще не всі повернулись, але і пішли ще не всі.
Наша пісня не та, і поржавіли наші нагани.

NOT EVERYONE HAS RETURNED

Not everyone has returned. Not all names have been revived.
Silence has not yet been lifted from every crime.
Leaden shadows lay at the feet of gray buildings.
Give me their pedigree, from the thirties to the eighties!

Where the state machine ground their bones and minds,
Where the bloody work had not yet stopped,
Let the names converge on dry Kazakh sands,
On Kolyma's gold dust, on Moldovia's mud.
Let us into the archives—the lists, the denouncements, reports,
To the soft dispositions, the hard red revolutions,
To know in person who stoked those October embers
And eviscerated the country by counterrevolutionary fires.

Here a people died out. Here vodka crushed parents.
Here peers languished from acetone and rock.
While at the top, powerful portraits of leaders floated,
A mustache twitched, eyebrows furrowed self-righteously.

And when I look at trees in pink dew,
At children, at the honey flowers, which wander the meadows . . .
Not everyone has returned. But not everyone has gone yet.
Our song is not the same, and all our rebukes have rusted.

ЛЮТИЙ

Над берегами вічної ріки.

— Ліна Костенко

Останній місяць довгої зими
переживемо. Все-таки і ми
у чомусь завинили. Із пітьми
виходить ніж як місяць. І гітара
вибренькує про трупи і ліси,
і на касетах наші голоси.

Хто винен менше — більше. Навпаки —
хто винен більше — менше. Із руки
повзуть роки, неначе черв'яки.
І все-таки за все надходить кара.

Нещасна земле підневільних снів!
Мерзенних слів, одрубаних голів,
обпаленої кислотою шкіри!
Твій солов'їний вирвано язик,
і тільки мат, і свист, і п'яний крик
доносяться з-під княжої порфири.

Моя княгине, жоно риб і жаб!
Твій кожен син — негідник або раб!
Кому віддатись і кого любити?
Над берегами вічної ріки —
бухгалтери, майори, їх жінки...
І в закордонних школах їхні діти.

Що виросте з розкиданих колось?
Нам голе поле бачить привелось.
Але жнива таки побачить хтось.
І пройде серп ходою супостата.
І замолотять ціпом на току.
І хліб на вишиванім рушнику
лежатиме, як голова одтята.

FEBRUARY

On the banks of the eternal river.

—Lina Kostenko, *Ukrainian poet and writer (b. 1930)*

It's the last month of a long winter
we'll survive. After all, we were at fault
for something. From the darkness,
a knife emerges like the moon. A guitar
strums about corpses and forests
while our voices endure on cassettes.

Some owe less—others more.
Some more—others, less. Out of our hands
years crawl like worms. Yet,
there's punishment for everything.

Unfortunate earth of enslaved dreams,
of nasty words, decapitations,
of skin burned with acid!
Your nightingale tongue ripped out
and only Russian curses, a whistle, a drunken cry
heard from under imperial robes.

My princess, wife of fish and frogs!
Your every son—a scoundrel or a slave!
Whom to give oneself to and whom to love?
On the banks of the eternal river—
accountants, majors, their wives,
their children sent off to foreign schools.

What will grow from the scattered grain?
We had to see the naked field.
Though some will get to see the harvest,
the sickle will go the way of the foe.
They'll beat with flails on the threshing floor.
On an embroidered cloth our bread will lie
like a severed head.

ТРАВЕНЬ

Тихий схлип опівночі. Спросоння ніяк не збагнеш,
де, в якому куті спорожнілої раптом кімнати.
Це там, де стояло твоє ліжко дитяче?
Це тіні маленьких грудей
із-під ребер у тебе злетіли в дитинство найперше,
лепетаюче темною в'яззю тремких
складів, страхів і звуків?
А ти ж народився ще далеко
від аеродрому і навіть вокзалу!

Прокидаєшся знову і знов у будинку, де жив
ти, малий, із батьками, а нині живуть
люди зовсім чужі, що, одначе, впустили
вас обох ночувать до тієї кімнати і навіть
чаю на ніч дали — зовсім іншого, з іншої чашки —
вже не білої в синій горошок — і ваші уста
наштовхнулись на слід невиразних присьорбувань:
хто пив із чашки моєї?!

Хто летить уночі в небі дальнім?
                              Це знов вертоліт
із бетоном і бромом?

О, ти можеш хапати свою рятівну соломинку
до безмежності —
                    спогади теплі, молочні від сліз,
материнської ласки, від сміху, від бігу
босих ніжок у сад —
                        ти ж таки народивсь
ще далеко від атомних станцій і мертвих річок,
від дітей в поїздах переповнених —
                                        де
їм шукать рятівні соломинки в новому столітті?..

MAY

Midnight, hushed sobs. You can't make sense of being half awake
or where, in what corner, of the suddenly empty room.
Was it there that your bed stood
where shadows of small breasts
first appeared over your ribs, in childhood,
as you first mouthed a dark calligraphy of trembling
syllables, fears, and sounds?
Yet you were born far from
the aerodrome and the train station.

Again you wake in the building
where you grew up with your parents.
But tonight strangers live there.
They allow you both to spend the night,
offer a different tea from a different cup—
no longer white with blue polka dots. Your lips
detect traces of an indistinct sipping:
Who drank from my cup?

Who's flying in the distant night sky?
                                    Another helicopter
hauling concrete and bromine?

O, you can grasp at your lifelines
all the way through eternity—
                    warm memories milky from tears,
maternal affection, laughter, the sound of someone
running barefoot in the garden—
                                    you were born far
from nuclear plants and dead rivers,
from children in overcrowded trains—
                                                where
should they look for lifelines in this new century?

Вертоліт
скинув ношу свою, інших ти вже не чуєш,
засинаючи врешті ранковим колодязним сном.

·

Так, і ми перейшли цю тривожну весну,
повну сонця пекучого і променистого листу —
всіх пустельних щедрот механічно плодючого світу,
що у цвіт заховав першопоштовхи нових мутацій:
може, й людство нове з них постане колись —
                                                            після нас —
як самі ми постали колись на руїнах клітин
відмираючих ящурів.

Так, і ми перейшли цю весну —
                                        ще недавно слабкі
школярі з молоком необсохлим,
поети, яким не болить,
ми, пасивні, інертні та інші, гасили пожежу
на розпеченім серці реактора;
ми у білих халатах з дозиметрами в руках,
в міліцейських погонах, у формі солдатській,
молоденькі вагітні жінки і дівчатка
із дітьми нерожденними —
жертви й рятівники на розпеченім серці Європи.

·

Тихий схлип опівночі. Підводишся і озираєш,
наче звір переляканий, стіни блідої кімнати,
неспокійно проводиш обабіч рукою —
                                                нікого,
тільки зім'ята збоку подушка, ледь чутне тепло
від чийогось волосся —
                            тут щойно було і злетіло,
доки спав ти,

The helicopter
casts off its burden. You no longer hear the others,
falling, finally, into the water well of morning sleep.

.

Yes, we passed through that terrifying spring
of scorching sun and radiant leaves—
of wasteland abundance of a mechanically fertile world,
God's invisible first impulses of mutations in flowers:
Maybe a new humanity will arise from them one day—

after us—
just as we, too, arose from near-extinct lizards,
ruins of cells.

Yes, we survived that spring,
until recently, weak
school children appeared, milk damp on their lips,
poets who no longer hurt—
We, passive, inert, and others put out the fire,
the reactor's red heat;
we in our white robes holding dosimeters,
in police epaulets, in military uniforms,
young pregnant women and girls
with children unborn
victims and rescuers,
in the hot heart of Europe.

.

Midnight, hushed sobs. You get up and look around
like a frightened animal, anxiously running your hand
along the room's pale walls—
No one,
only a pillow crumpled on one side, the barely perceptible warmth
of someone's hair
that as you slept

115

на небо, до тьмяних русявих сузір
(це було вже не раз — не з тобою)
                         ...волосся,
ще недавно кохане, і плечі, солодкі до сліз,
пропливли за вікном, розчинились в молочнім тумані.

Ти й не чув,
ти давно вже не чув, байдужіючи кожного дня
до легких, некрикливих речей, жестів, усмішок, рухів,
складок плаття, в дощі обважнілої вовни,
рятівних соломинок податливих стегон і рук —
до усього, що звичкою стало,
                         обов'язком,
                                   далі
вже провиною, жалем, нарешті —
                         нічим;
лиш тепер,
в цьому сплаві розхитаних нервів і справжнього болю
знов майнула тобі та забута любов, наче голос
Береніки з ранкового неба.

                         •

Голоси вертольотів пливуть крізь ранковий туман,
крізь єдине
            жорстоке
                         прекрасне життя цього травня —
над міськими спорудами, понад мостами, над сном
зеленіючих нив.
Підземелля далекі
озиваються їм смертоносним диханням.

Але хто має право
на експерименти з людьми?
                         Чи ділки від науки,
чи безпечні службовці в чинах, комірцях, орденах,
чужоземні і власні негідники і суєслови —

took to the air
           into the sky's dim, dirty constellations
(this wasn't the first time it happened to you)
                                    . . . Hair,
so recently loved, and shoulders, so sweet you could cry,
they floated past the window, dissolved into milky mist.

You didn't hear,
you haven't heard for a while, indifferent now
to light, to quiet things, gestures, smiles, movements,
to the folds of a wool dress heavy with rain,
lifelines of open hips and arms—
to everything that's become a habit,
                            an obligation,

a fault, regret, finally—
                        nothing;
only now
this alloy of undone nerves and pain.
Your forgotten love has passed you by again
like Berenice's voice at dawn, her sacrificed hair.

                    •

Voices of helicopters cut through morning fog,
through the
        cruel
                beautiful life of this May—
above city structures, bridges, above the sleep
of greening fields.
Distant bunkers
answer with their lethal breathing.

Who has the right
to experiment with people?

проти них піднімається юність отруєна наша,
тихий вітер ворушить волосся дітей і старих
і засмічені сонні ліси —

                           попелясте волосся
батьківщини на грудях Європи.

...Тихо чашка дзвенить з охололим вечірнім питтям
на блідім підвіконні,
і доля м'яким тягарем опадає на плечі твої,
і стоїш ти відсутній і чистий,
наче знову дитина,

               і знову коханий,

                   і знов
руки матері, може — сестри, може — ще чиїсь руки,
може, руки фіранок на світлім вікні
опадають на плечі твої безтілесні;

наче далі за вікнами, далі за садом, в лугах
бачиш ящурів вільних, як коні, і щонайгарніший
повертає до тебе незрушне осмислене око —
темне око природи, пульсуючий, ваблячий клич...

                        Scientists
and dangerous officials in their ranks, collars, medals,
foreigners, and our own scoundrels and windbags—
Our poisoned youth rises up!
A quiet wind stirs the hair of children and the elderly
and contaminated sleepy forests—
                        our ashen-haired homeland
at Europe's breast.

A cup of cooled evening tea rings quietly
on a faded windowsill,
fate falls on your shoulders with its soft burden.
And you stand absent and clean,
again like a child,
                        once again, loved,
                                once again,
your mother's hands, or maybe your sister's or someone else's,
maybe the curtains' hands from a lighted window
rest disembodied on your shoulders.

Outside the window, past the garden, in the meadows,
lizards, free as wild horses—The most beautiful one
turns toward you its unmoving sentient eye—
the dark eye of nature, its pulsating, luring call.

* * *

Серпнева ніч у місті задушлива.
                              На київ
пливе густий потік розпеченої крони
каштанів, лип, тополь... О бідні дерева,
о стебла хирляві, що обвили балкони!

Оголені тіла на плесі простирадл —
невже це ми, як лілії — духовні?..
Шкірні покрови встелені гріховно
піском із пляжів смрадного Дніпра.

Подай мені ту склянку, де вода
із крана має сірий присмак хлору
і туги, невідомої з таблиць
хімічних елементів... Осіда
поволі спека; і луна знадвору
ранковий щебет молодих жар-птиць.

AUGUST CITY NIGHT

stifles, thick stream
of scorched chestnuts,
lindens, poplars floats toward Kyiv.
Poor trees with stunted trunks
wrap themselves around balconies.

Naked bodies on beds of blankets—
Are we pure as lilies, our skin
sinfully covered with sand from
foul Dnipro beaches?

Give me that glass of tap water,
its gray aftertaste of chlorine
and a longing not known
on the periodic table of elements.
The heat slowly settles.
Outside, an echo—morning,
twitter of young firebirds.

ЛИСТОПАД

І день минув, і вересень минув,
і все минуло. ТА пора настала,
я знаю: ТА пора прийшла. Прийшла дощами,
заплаканими сірими кущами
акації, шипшини та бузку
і вовчих ягід.
        Пізно уночі
в самотності додому ідучи,
і парасолю в мокрому дощі
натомлено піднявши над собою,
і до під'їзду входячи, де ліфт
зіпсований, а сходи пахнуть псом
бродячим і сумним собачим сном
зникають на горищі, —
        там поволі
в самотності я двері відмикаю
і знаю, повертаючи ключі:
це ТА пора. Хто жде мене вночі,
яка велика тінь якої долі?

...Тоді ще тільки перший листопад
виходив на пустельні тротуари
і цілував у груди дерева. Тоді мій друг
далекий — відчував мої печалі
на віддалі двох поїздів нічних,
і старанно писав листи, і в сад
виходив, щоб обличчя схолодити
об мокрий дощ, і листя брав до рук,
і цілував у груди дерева.
        Непевний стук
тоді мене тривожив опівночі,
і, сторожко розплющуючи очі,
я бачу: наче світло витіка
із вен у ліктях, кинутих беззвучно,
і оплива...

NOVEMBER

A day passed. September passed.
Everything has passed.
That time has come.
                Come, then,
weeping gray bushes of acacia,
rosehip, lilac
and deadly nightshade.
             Late at night
I walk alone,
an umbrella tiredly raised
against the wet rain
to the doorway
with the broken elevator,
to stairs that smell like stray
dogs and sad dog sleep
that disappear into the attic—
               Slowly
I turn the key, unlock the door.
Who waits for me at night?
What large shadow of fate?

There's only that first November
that stepped out into deserted sidewalks,
kissed the chests of trees. My friend
was far away then—but he felt my sorrows
at a distance of two overnight trains, he
faithfully wrote letters and turned
to the garden to cool his face
in the rain, and, too, grasped some leaves,
kissed the chests of trees.
             An uncertain knock
startled me at midnight.
Opening my eyes, I see how light drizzles
from my elbow's veins, falls soundless
and floats past.

І мариться мені:
я захлинусь там світлом неминуче —
ледь повернувши голову у сні.

Акації, шипшини та бузку
і вовчих ягід ніжні силуети,
сомнамбулічний джаз — осінній дощ,
пізньоосіння ніч. Порою ТОЮ
в самотності ідуть вони за мною,
і вени в ліктях в мокрому дощі
беззвучно відкривають над собою,
і опливає світло...
                    Листопад —
на віддалі двох поїздів нічних
далекий друг — непевний стук — поволі
на сходах повертаючи ключі,
я захлинусь...
                    І мариться мені:
це ТА пора. Хто жде мене вночі,
яка велика тінь якої долі?

...Невже іще тоді, коли — любив? —
в дитинстві жовтим склом порізать пальчик
і стежити, як ніжна кров тремтить,
мов дощик був червоний і згубив
росу червону — скло на сонці сяє,
і цілий світ у жовтім склі лежить,
а бинт темніє і пересихає, —
невже так формувалася тоді
готовність біль загоювати грою?
Гра променів на склі — передусім!
Від пальчика — до вен, відкритих в тузі!
Так, музика передусім! О друзі,
Передусім поезія...
                    Так тінь
чужими промовля мені устами
святу неправду... Ах, за склом ламким —

And I dream:
I'll inevitably choke on light there—
barely turning my head in sleep.

Delicate silhouettes and sleepwalking jazz
of acacia, rosehip, lilac and deadly
nightshade—an autumn rain,
a late-autumn night. It's that time
when they accompany me,
when the veins in my elbows
open up soundlessly in heavy rain
and light floats past.
                    November—
at a distance of two overnight trains,
a far-off friend—uncertain knock—slowly
turning the key on the stairs
I choke . . .
                    In half-sleep I dream:
it's that time. Who waits for me at night,
what large shadow of what fate?

Was it really then, when—you loved?—
in childhood, cutting your finger on yellow glass,
watching the tender blood tremble.
It was red like rain you lost,
the red dew, the glass glowing in the sun.
The whole world lies in yellow glass.
The bandage darkens and dries.
Was it then that the eagerness to heal pain
with a game took shape? A game
of rays on the glass—above all!
From finger to veins opened in anguish!
Yes, music, above all! O, friends,
and poetry, above all . . .
                    The shadow
speaks to me the holy untruth
in others' lips . . . And beyond the broken glass—

за ніжним голосом — ті ж лікті у бинті,
і рот, як бинт — із темними краями!

...Ходімо по скривавлених бинтах,
по ніжних звуках місячного світла,
ходім туди, де світлі черепи
лежать в полях під чорною землею,
ходім туди, де світлі немовлята
гойдаються у павутинні снів.
Ходімо і ведімо за собою
акацію, шипшину, батьківщину,
будинок і собаку, листопад
найперший, другий, третій — і четвертий,
закручений у вихор, і у вітер,
і перший сніг...
          Веди мене рукою
у чорній рукавичці — атрибут
романтики, поезії і джазу —
нереґулярна ритміка, мінор,
сомнамбулічний джаз, останній дощ
і перший сніг.

       ...Вже зовсім як у сні,
вже не йдучи — летімо через ніч,
обличчям захлинаючись під снігом,
що опливає з беззвучних наших ліктів.
Ця слабкість, ця волога, ця віддача
на темну землю ніжно опада,
в очницях світлих черепів проплаче
і в материнських лонах загойда
дітей, ще не народжених,
                вода.

Вода замість землі і світло замість
повітря — сніг п'янить, як хлороформ, —
з води і світла проступає зав'язь
пульсуючих, потужних, пружних форм.

the gentle voice—your elbows bandaged,
and your mouth, like a bandage, its dark edges.

Let's walk among the bloody bandages,
among the faint sounds of moonlight,
let's go where the luminous skulls
lie in fields beneath the black earth,
let's go where translucent newborns
rock in the spider webs of dreams.
Let's go and take with us
acacia, rosehips, the motherland,
the house and the dog—first,
second, third—and fourth leaf falls
caught up in a whirlwind,
and the first snow . . .
                    Take me by the hand
in a black mitten—an attribute of
romance, poetry, and jazz—
irregular rhythm, minor,
sleepwalking jazz, the last rain
and the first snow.

                    . . . Just like in a dream,
no longer walking, let's fly through the night,
choking, our faces beneath the snow
flowing from our soundless elbows.
This weakness, this wetness, this return
falls gently to the dark earth; it'll cry
in the sockets of illuminated skulls,
in their mothers' wombs—children,
yet unborn, will be rocked
                    by water.

Water instead of earth and light instead of
air—snow intoxicates like chloroform—
the pistil emerges from water and light,
pulsing, powerful, resilient forms.

Вода і світло — ось першооснова!
Любов і біль — поезії закон!
І вогку кров просвітленого слова
я злизую осмаглим язиком.

Вже наростає стримано і тихо
пульсуючий, потужний, пружний ритм;
вода животворяща першим снігом
омиє вени грубої кори;
химерна тінь повернеться у книгу
і рукавички скине в чорний шрифт —
і знов кінець повториться назад,
в початок.
        Так скінчиться листопад.

Water and light—the first principle!
Love and pain—the law of poetry!
And the wet blood of the illuminated word
I lap with my parched tongue!

A pulsing, powerful, elastic rhythm
swells discreetly, the life-giving water
will wash the veins of thick bark with the first snow;
the freakish shadow will return to the book
and remove its mittens at the black font—
and again the end will repeat back
to the beginning.

This is how November will end.

* * *

Сухішає, витончується шкіра,
як і життя, — на обрисах облич,
недавно рідних. Божевільна віра —
вся молодість, мов ніжний, тужний клич
розгубленого звіра.

І смага, і задума, і тісна
злиденність гастрономчиків, їдалень;
і свіжопофарбована весна
ярів квітневих із окраїн дальніх —
на всьому знак утрат непроминальних.

Хто стане перегноєм рідних нив,
а хто поповнить звалища собою
міські, де крематорною трубою
завод вінчає житловий масив,
і шлях до раю в'ється, ніби стяг,
і понад пеклом сяє саркофаг.

SKIN GETS DRIER AND THINS

Skin gets drier and thins—
as does life—on contours of recently
familiar faces. All of youth
is crazy faith, like the wistful cry
of a lost animal.

And thirst and contemplation and the cramped
poverty of food shops, cafeterias;
the freshly painted spring
of April ravines from far-off outskirts—
everywhere, signs of impassable loss.

Someone will become the humus of native fields.
Others will fill the city waste sites
where a factory crowns housing
with a crematorium pipe—
and the path to heaven flutters like a banner
and a sarcophagus shines over hell.

СИНЬО-СІРИЙ КОЛІР

Забагато мистецтва у цьому нікчемному світі.
Забагато рим у тиші, що крає серце.
Забагато червоного — пристрасть, вона не така.
Принаймні, остання пристрасть.

Ні, це не кров, що римується завжди з любов'ю.
І не вогонь, що руйнує мости за собою.
Це верлібр, коли важко звести обважнілі повіки.
Синьо-сірий костюм чоловіка,

який іде геть.

Ще хвилину тому він цілував жінку,
від котрої лишився лише поворот голови
на картині художника, що помер шістдесят років тому.
Уявляй себе ними — разом або поодинці,
уявляй себе жінкою або чоловіком,
поцілунком (так зветься фраґмент)
або місячним світлом.

Її шия напружена, але ось упокориться.
Його плечі похилені — це вже кінець.

...Синьо-сірий відтінок чорно-білих фотографій,
сіро-сині екрани чорно-білих телевізорів,
колір наркозу і операційних,
неонових рамп, театрального залу.
«Автора! Автора!» — кричать глядачі.
«Автора! Автора!» — кричить помираючий.

Але автор у сіро-синьому костюмі
іде геть.

BLUE-GRAY

There's too much fine art in this miserable world.
Too much rhyme in the silence that carves the heart.
Too much red—passion isn't like that.
At least not the final passion.

Blood doesn't always rhyme with love.
It's not the fire that burns bridges behind you.
It's a free rhythm of heavy eyelids,

a blue-gray suit of a man
who is leaving.

A minute ago he was kissing a woman.
Only the turn of her head remaining in a painting
by an artist who died sixty years ago.

Imagine yourself like them—either together or alone,
imagine yourself the woman or the man,
the kiss (that's what the fragment is called)
or the moonlight.

Her neck is tense—but she'll surrender.
His shoulders are slouched—it's already the end.

The blue-gray tint of the black-and-white photographs,
the gray-blue screens of black-and-white televisions,
the color of anesthesia and surgical rooms,
of neon footlights, the theater hall.

"Author! Author!" spectators shout.
"Author! Author!" the dying cry.

But the Author in the gray-blue suit
is leaving the stage.

ЛЮДИ ПРИСТРАСТІ

Усі листи любовні — смішні.

—Фернандо Песоа

Однаково все скоро закінчиться.
Однаково відлічені години.
Однаково у пам'яті вже більше —
і значно більше — часу, ніж у мрій.
Смішні слова, крім найпростіших: мама,
не хочу, хочу, дай. Які смішні
листи любовні і так само вірші,
так само як шкарпетки і білизна.

За кавою, ввімкнувши телевізор,
сьогодні вранці думати про тебе,
здригатись на розбомблений Багдад,
на кожен крок палаючої нафти,
і полотніть при вигляді труни,
загорнутої в прапор. Є бажання —
підпалені, як нафта! Є надії —
поховані, як трупи в прапорах!

...Однаково — хоч кінчиками пальців.
Мотивом ший на ріках вавилонських.
Пустелею, колінами, камінням.
Однаково — хоч раз, хоча б у сні.
Однаково все скоро закінчиться.
Які смішні слова про шок і трепет.
Про те, чого не буде вже ніколи.
Смішні, немов кохання на війні.

PASSIONATE PEOPLE

> *All love letters are ridiculous.*

> —Fernando Pessoa, *Portuguese poet (1888 - 1935)*

Either way, it'll all end soon.
Either way, the hours are numbered.
Either way, memory holds more time
than dreams—Ridiculous words,
except the simplest: *mama,*
don't want, want, give. How ridiculous
these love letters and poems
like socks and underwear.

Over coffee, TV on, thinking of you
snatched away to bombed-out Baghdad,
oil burning everywhere, every step,
someone blanching at the sight
of a casket draped with a flag.
Desires burn like oil! Hopes,
buried corpses in flags!

Either way—even with only your fingertips,
tack a motif on Babylonian rivers.
A desert, a coda, a stone.
Either way—even just once, even in a dream.
Either way, it'll all end soon.
How ridiculous these words of shock and awe,
that which will never be—
Ridiculous as love in war.

IV

тут, де затихли уже солов'ї, і хрущі, і дівчата

— Смерть у повітрі

IV

Here, where the nightingales and May bugs
and girls have all gone quiet—

"Death in the Air"

ВИНАРНЯ ВОВК

Два роки тому, навіть два з половиною,
жити іще не здавалося так безнадійно:
не захлиналися ржавою кров'ю каштани,
повені не підступали до вікон будинків —
там, де винарня «Вовк», і кав'ярня «Голуб»,
і маленький театр під великими ліхтарями.

Два роки тому, навіть два з половиною,
ще не було таких лютих снігів і морозів:
не замерзала вода у котлах і рурах,
не примерзали флейти до уст і пальців,
сніг не обліплював ноги в тонких панчохах,
паморозь не лягала на килими в готелях.

І лісові пожежі, цунамі з жіночими іменами,
кров і вино на мертвих ногах у тонких панчохах,
і килими, засипані уламками літаків.

Хай. Ще лишається час для останнього знаку:
час, коли бігтимуть вовки, летітимуть голуби,
і, полишивши фундаменти, витягнувши коріння,
зникнуть винарня «Вовк» і кав'ярня «Голуб»,
ліхтарі, каштани, готель, театр.

WOLF WINE BAR

Two years ago, maybe even two and a half,
life hadn't yet seemed so hopeless:
chestnuts didn't choke on rusty blood,
floods didn't reach the windows of the buildings
with the Wolf wine bar and Dove coffee shop
and the small theater under the large lanterns.

Two years ago, maybe even two and a half,
we didn't have such severe snows and frosts:
water didn't freeze in the boilers and pipes,
flutes never froze to lips or fingers,
the snow didn't stick to legs in thin stockings,
ice didn't appear on carpets in hotels.

And the forest fires, tsunamis with women's names,
blood and wine on dead legs in thin stockings,
carpets covered with the wreckage of aircraft.

So be it. There's still time for the final sign:
a time when wolves run, doves fly,
and, having left behind their foundations, pulling out their roots,
the Wolf wine bar and Dove coffee shop will disappear,
the lanterns, chestnuts, hotel, and theater.

НІЧНІ ЛІТАКИ

Нічні літаки пролітають незримо,
сніги опадають на вулиці міста,
о першій згасають бліді ліхтарі,
зникають останні трамваї...
     Тепер
лишаються тільки будинки поснулі,
дерева геть темні та серце гаряче —
як грудочка тепла живої землі.

Ці дні, наще роки, минають поволі,
ці дні невиразних туманів, снігів,
сніданків, обідів, подій монотонних...
Але прислухайся —
      колись уночі
повернуться в брамі трагічні ключі,
і видива спогадів, нам незнайомих,
постануть крізь гуркіт нічних літаків.

Освітиться в серці розбите вікно
далекої школи — чи, може, собору,
чи, може, майдани розхитаних вулиць,
чи, може, галявини зимних лісів...
І хори ослаблих ламких голосів
співатимуть з неба старі колискові
і перші слова неживих букварів.

...Нічні літаки пролітають далеко,
лишаючи видива дивні, сріблисті,
неначе за ними в шинелях солдатських,
в концтабірних куртках, лахмітті жіночім —
о ні! у ясному святковім вбранні! —
колони дитячі, дитя за дитям...

Призначення, зміст?
    Просто — образ життя,
опівночі, в час літаків фіалкових.

NIGHT PLANES

Overhead, night planes fly past unseen
while snow falls on city streets.
At 1 am, pale streetlights die
and last trams disappear . . .
                              Now
only sleeping buildings remain
among ill-lit trees. But the heart is hot—
a warm lump of living earth.

These days, like years, pass slowly.
These days obscured by fog, snow,
breakfasts, lunches, monotonous events . . .
But listen—
                    sometimes at night
tragedy's keys will return to their gates.
Unfamiliar memories will emerge
through the planes' roar.

The broken window of a distant school
or maybe a church
will light in your heart,
or maybe plazas of rickety streets,
glades of winter forests...
Choirs of weak and fragile voices
will sing old lullabies from the sky,
first words of vanished first primers.

Night planes fly far,
leave behind strange, silvery ghosts
in soldiers' overcoats,
in concentration camp jackets, in women's rags,
. . . in bright, holiday clothes!
Columns of children, child after child . . .

. . . to what destination?
            A vision of life
at midnight, in the hour of violet planes.

TECHNICALLY SPEAKING

Technically speaking, як говорив Біл Клінтон,
у сенсі техніки це не було сексом;
і можна було спокійно дивитися в очі батькам,
вчителям, нареченим, дружинам
і кому там іще;
на суді, поклавши руку на Біблію чи Конституцію,
або на Страшному Суді —
зрештою, до нього лишилося вже недовго.

Але що ж це було, — я згадую іноді;
і чи хотіла б я ще раз побачити того чоловіка,
і чи ми упізнали б одне одного
(випадково на вулиці),
і що б ми робили, якби упізнали:
кинулися в обійми, сміючись і жартуючи,
або пройшли далі з опущеними головами,
не озираючись?

Technically speaking, мені було далеко до Моніки
з її сукнею;
я не лишила жодного доказу
ні для захисту, ні для звинувачення:
хіба можна вважати доказом
колір випитого вина,
холодний метал ґудзиків на його джинсах,
незнайоме солоне тепло у себе
біля рота?

Швидко, швидко пересихають солоні моря,
вино і сльози, сперма і кров у тілі.
Швидко, швидко пустеля — невидиме дике звіря —
випускає назовні пазурі білі.

TECHNICALLY SPEAKING

Technically speaking, Bill Clinton said,
technically, it wasn't sex.
He looked calmly
into the eyes of parents,
teachers, brides, wives
and whoever else was present in court
having sworn on the Bible or the Constitution,
or on Judgment Day
which wasn't that far off, anyway.

What was it, then,
and would I want to see him again?
Would we recognize each other
accidentally on the street,
and what would we do if we did—
run and embrace, laughing and joking,
or walk on, heads lowered,
not looking up?

Technically speaking, I had a long way to go
to be Monica and her dress;
I didn't keep any evidence
for defense or prosecution.

Can the color of wine,
cold metal buttons of jeans,
the unfamiliar salty warmth
near and in your mouth
in fact be called evidence?

They dry so quickly, the salty seas,
wine and tears, sperm and blood in your body.
How suddenly the desert's invisible wild beast
extends its white claws.

Все ж таки кожен знає, як прийде час:
треба сказати слово — або мовчати;
треба зробити вчинок — хай тільки раз;
треба себе віддати і треба взяти.

Still, everyone knows a time comes
to say your piece—or to keep quiet,
to do the deed—even just once—
to give yourself away
and to take.

КОХАННЯ В КИЄВІ

Кохання в Києві страшніш од венеційських
прекрасних пристрастей. Порочні і легкі,
летять метелики на сяючі свічки —
на мертвій гусені горять блискучі крила!
Весна каштанні свічі запалила!

Дешевої помади ніжний смак,
міні-спідничок виклична невинність,
і ці чуби, поголені не так, —
але хвилює образ, спогад, знак...
як шляґера трагічна очевидність.

Ти тут помреш від підлого ножа,
і кров твоя проступить, мов іржа
в новому «Ауді» на закутках Татарки.
Ти тут з балкону, з неба, полетиш
на свій брудний, маленький свій Париж
у білій блузці референта-секретарки.

Не одрізнити шлюби від смертей...
Кохання в Києві страшніше від ідей
нового комунізму: в ночі п'яні
виходять привиди із Лисої гори,
несуть в руках червоні прапори
і горщики червоної герані.

Ти тут помреш від підлого ножа,
ти тут з балкону, з неба, полетиш —
в новому «Ауді» із закутків Татарки
на свій брудний, маленький свій Париж —
і кров твоя проступить, мов іржа,
на білій блузці референта-секретарки.

LOVE IN KYIV

Love in Kyiv is scarier than beautiful
Venetian passions. Depraved and light,
butterflies fly to flaming wicks—
brilliant wings burn on the dead caterpillar!
Spring ignites candles of chestnuts.

The delicate taste of cheap lipstick lingers,
evocative innocence of miniskirts,
and those forelocks, badly shaved—
Images and memory disturb
like sad, blunt pop songs.

You'll die here from a sly knife
and your blood will appear like rust
in a new Audi on the backstreets of Tatarka.
Wearing a white clerk shirt,
you'll fly from the balcony, the sky,
to your dirty, small Paris.

Who can tell marriage from death?
Love in Kyiv is scarier than schemes
of new communism: at night drunken
ghosts come out from Lysa Hora
carrying red flags and potted red geraniums.

You'll die here from a sly knife,
or fly from the balcony, the sky—
or in a new Audi from the backstreets of Tatarka—
to your dirty, private Paris.
Your blood will stain like rust
your white clerk shirt.

. . .

Жодне кохання не щастя, тим більше оце:
щастя таке ж, як затиснене в жмені лице,
підняте вгору до уст в нетерплячім оскалі.
Може, і хочеш уникнути вістря ножа —
тільки ж офірна покірна пташина душа
кров'ю солодкою поїть молекули сталі.

Кожне кохання нещастя, тим більше моє:
ніби маленький кретин коло ліжка стає,
дивиться лагідно, просить невинної втіхи.
Та крізь огиду і жах бачу хрестик на нім,
і замерзає блювота при світлі яснім,
що проростає униз із небесної стріхи.

Скинь черевики, сорочку лиши на піску.
Шкіру свою розтули, як зміїну луску.
І ніби піхву гарячу, вузьку і слизьку —
душу так само звільни і віддай на поталу.
І в маячні хромосом, і у ґвалті клітин
будеш так само удвох і лишишся один.
І у судомі колін, і у пітняві спин —
діти, як маки в піску, розквітають помалу.

NO LOVE IS HAPPINESS

No love is happiness, especially like this:
a face clamped in a handful, lifted up
to an impatient, grinning mouth.
Maybe you, too, want to avoid the tip of a knife—
only the meek, sacrificial, avian soul
can give steel molecules a taste of sweet blood.

Every love is unhappiness, especially mine:
it stands near the bed like a small half-wit,
looking tenderly, asking for harmless comfort.
Yet through the hate and horror I see it wears a cross,
and its bile freezes in the clear light
that sprouts from the heavenly attic.

Take off your boots, leave your shirt on the sand.
Peel off your skin like a snake's scales.
Warm vagina, narrow and slick—
release your soul, too; give it up for lost.
And in the rapture of chromosomes, in the rape of cells
You'll be together, yet you'll be alone.
And in knee cramps, in a sweaty back—
children, like poppies in the sand, bloom little by little.

...

Ти також щовечора їдеш у цій електричці,
де збились тіла у єдине нудотне тепло,
де сонні, тупіючі, стомлені, тьмяні обличчя
людей після зміни, що їдуть із міста в село;

і пам'ять твоя ще чіпка і, як прапор, тріпоче,
любов'ю і сумом протята, коли на виду
спить жінка зов'яла і спить на руках її хлопчик,
на лаву зачовгану звісивши ручку бліду.

Благеньке його пальтечко, хоч на дворі негода,
та жінці — по всьому, самотній — не солодко з ним...
Але материнська весела і втрачена врода
на щічках дитячих пашіє рум'янцем ясним;

і світло рожеве над чолами ллється пітними,
і люди ворушаться, всміхнені і молоді,
і хліб їхній чесний висить у авоськах над ними —
на хлібному древі старих приміських поїздів.

Крізь голод, війну, крізь сум'яття бліді й таємничі,
крізь подвиги й славу випростує плечі свої
народ мій зов'ялий,
                    як жінка, що спить в електричці,
народ мій маленький,
                    як хлопчик на грудях її.

Із міста в село, із села до ранкового міста —
могутні масиви народного духу і сил
пульсують і движуться далі. І де та врочиста
мета,
        що штовхає вперед
                    за масивом масив?..

150

EVERY NIGHT, YOU, TOO, TAKE THIS TRAIN

Every night, you, too, take this train,
bodies coalescing into a single, boring warmth,
sleepy, dull faces of people growing numb
returning from city to village after their shifts.

And your memory, still strong, flutters like a flag
pierced with love and sorrow when a spent
woman sleeps in sight—her son, too, asleep in her arms
resting his pale hand on the rumbling bench.

Bless his light jacket, though the weather's bad.
Though the woman, utterly lonely, isn't happy
with him, joy and lost maternal beauty
burn on his cheeks with a clear glow.

And the pink light pours onto our sweaty foreheads,
and people shuffle, smiling and young,
and their honest bread hangs in net bags above them—
the bread tree of old commuter trains.

Through hunger, war—through confusion, pale and secretive,
through feats and glory, wilted people of mine
straighten their shoulders,
                          like the woman sleeping on the train,
small people of mine,
                          like the boy on her breast.

From city to village, from village to morning city—
the forceful mass of people's spirit and strength
pulsates and moves on. Yet where is that solemn
intention
          that pushes the mass
                          after the mass?

СЕСТРА

На кожен вчинок є своя пора
і є свій образ у повітрі раннім.
Тому я знаю: осінь — це сестра,
яка остання піде за останнім.

Чиє обличчя строге і просте,
той офірує вчасно і доцільно.
Тому я вірю: осінь — це на те,
щоб перейти достойно і спокійно.

Що знаю Я про те, як Ти живеш?
Як смієш Ти за Мене говорити?
Хто замість Нього? Замість Неї — теж?
Хто свою чергу може відмінити?

...Ті, що пішли, не вернуться назад,
 але є втіха в тихому змаганні:
немов сестра, покинути цей сад —
останньою, востаннє, за останнім.

SISTER

A season for every action,
its likeness in morning air.
Thus I know: autumn is the sister
who goes last after the last,

whose face, austere and plain,
is bestowed on time with purpose.
Hence, I believe: autumn is for
crossing with honor and calm.

What do *I* know about how *you* live?
How dare *you* speak for *me?*
Who is in *his* stead? In *hers* too?
Who can cancel their turn?

Those who've gone do not come back,
though comfort exists in quiet competition:
to abandon this garden like the sister—
last, finally, after the last.

СМЕРТЬ У ПОВІТРІ

Смерть у повітрі, або із повітря, або без повітря.
Після життя, або замість життя, або смерть як життя.
Так ти існуєш, висиш, вся солодка, аж світла.
Сонна уся — батьківщина без честі й пуття.

Ніби за ноги підвішена,
наче за ребра зачеплена,
у підземеллях придушена —
чому ж ні крики не рвуться,
ні корчі не струшують хрест?
Мов літаками розтерзана —
чому ж ніяк не складуться пальці в кулак
чи хоча б у непристойний і викличний жест?

...Тут, у вишневих садках,
попід зоряним небом у Канта,
в літні задушливі ночі
на ряднах і на подушках —
тут, де затихли уже солов'ї, і хрущі, і дівчата, —
може, хто-небудь не спить?
Може, бачить цей сором і жах?

Не з-під червоних китайок,
не із сорочок-вишиванок,
і не Тарас, не Остап,
навіть Андрій — не такий...
Кволі вугільні тіла — ті, що знайдені —
в трунах на ранок,
і порожніють без них
чресла вицвілих заробітчанок —
не Роксолан, не Марій, не Любовей, не Вір, не Надій!

DEATH IN THE AIR

Death in the air, or from the air, or for lack of air.
After life, or instead of life, or death as life.
You exist, hang so pleasingly, you're light.
Sleepy homeland without honor or use.

As if suspended by your legs,
as if hooked by the ribs,
as if stifled in caves—
Where is the shout that breaks free,
the spasms that shake off the cross?
As if torn by planes—
Where are the fingers forming a fist
or at least an obscene gesture?

Here in the cherry orchards,
under Kant's starry sky,
in suffocating summer nights,
in the sheets and on the pillows—
Here, where the nightingales and May bugs
and girls have all gone quiet—
Is anyone not asleep?
Do they see this shame and horror?

Not from under red mourning shrouds
or wearing embroidered shirts,
and not Taras or Ostap,
or even Andrii . . .
Weak coal bodies—those found—
in coffins in the morning,
keep empty the loins of past-bloom female
migrant workers—not the Roksolanas, Marias,
Loves, Faiths, or Hopes!

...Смерть у повітрі бліда.
Зміниш літеру, другу — мов гадь,
що вигляда з-під пахви
головної з чиновних почвар.
Запах розтління і тління.
Вишневих садків благодать.
Спить батьківщина, її можна безкарно кохать.
Доки ранкова зоря не розітне мереживо хмар.

Death in the air is pale.
You change a letter or two—a snake
peeks out from under the armpit
of the chief bureaucratic monster.
The smell of deflowering and smoldering.
They bless the cherry orchards.
The motherland sleeps; you can love her with impunity.
Until the morning star cuts through
the lace of clouds.

БОЖЕВІЛЬНІ ЛІТАКИ

божевільні літаки
пролітають вранці рано
розпадаються зірки
на частини тіл
так закінчується світ
у вівторок о дев'ятій
всі ми будемо в раю

коли гній і кип'яток
переповнять чашу гніву
перегорнеться сувій
відсічеться нить
а над прірвою тремтить
бідних грішників вервечка
всі ми будемо в раю

і коли лишиться крок
до сподіваного дива
і дві вежі наче дві
стулки від воріт —
божевільні літаки
пролетять
                    це неможливо
але так закінчується світ

всі ми будемо в раю
у вівторок о дев'ятій
там де стулює пророк
арабески літ
там де нафти ніжний слід
на озерах сонних
сад незайманих дівчат

CRAZED PLANES

crazed planes fly
early morning
stars disintegrate
into human remains
—this is how
the world ends
on Tuesday at nine
we'll all be in paradise

when pus and scalding water
flood the cup of wrath
the scroll will be unfurled
the thread will be cut
a rosary of destitute sinners
shivers above the abyss
we'll all be in paradise

and when only a step remains
to the expected miracle
and two towers stand
like twin leaf gates—
crazed planes
swoop
          it's impossible
but this is how
the world ends

we'll all be in paradise
on Tuesday at nine—there
the prophet strings together
arabesques of years
where there's a gentle trace of oil
on sunny lakes
and gardens of virgin girls

мед тече із їхніх уст
очі їхні ланні
виноградні лози тіл
груди як мечі
з їх напахчених долонь
вилітають незрівнянні
божевільні літаки

honey flows from their mouths
their eyes like meadows
grapevines of bodies
nipples like tips of swords
and from their fragrant hands
crazed planes
       take off.

V

*Не бійсь нікого і нічого:
ні дотику оголеного неба,
ні жала кам'яного.*

Чин

V

Fear nothing and no one:
not the touch of the bare sky,
nor the sting of stone.

"Deed"

ЧЕРВОНИЙ ВАГОН

не бійся
це тільки подих тільки мить
це просто потяг що спішить
угору в гори

це потяг
самотня гра короткий сон
у горах спинений вагон
маленька помилка підкреслена червоним

відкрийся
ніхто на тебе не зважа
у кожного своя душа
свої самотні помилки і межі смерті

це просто
з гори униз неначе сон
червоноколірний вагон
не бійся

RED RAILCAR

don't be afraid
it's just a breath just a moment
just a train speeding
up into the mountains

it's a train
a lonely game a short dream
a railcar stopped in the mountains
a small mistake underlined in red

open up
no one is paying attention
everyone has their own soul
their lonely mistakes
death's limits

it's just
a short dream
a red-colored railcar
careening down from the mountain
don't be afraid

. . .

Чому боїшся так помітно,
чому хвилюєшся дарма —
переступити промінь світла
туди, де спокій і пітьма?

Де навіть птахи не літають,
а кобри мирно сплять у ряд
і вже нізвідки не чекають
отар наляканих звірят.

Де тільки спека у пустелі
підводить голову важку
і розгортає невеселі
потоки сірого піску;

і витиска вологе тіло
до решток крові і роси,
аби воно помолоділо
останнім імпульсом краси!

І, опускаючи повіки,
зроби цей крок без вороття,
щоб не забути — вже навіки —
свого єдиного життя.

WHY ARE YOU SO AFRAID

Why are you so noticeably afraid,
so needlessly anxious
to cross over the ray of light
to calm and darkness?

Where even birds don't fly
and cobras slumber in a row
and no longer lay in wait
for frightened beasts.

Where only the desert heat
raises its heavy head,
deploys unhappy
streams of gray sand;

it squeezes the moist body
to its last drops of blood and dew
so it can grow younger
with beauty's final impulse.

Lower your eyelids,
take this step without regret,
so you don't forget—now, forever—
your only life.

. . .

Ці дні, прожиті нами, відійшли
до інших днів, прожитих нами.
Лягли на брук масні криваві плями —
дощі їх змили...
                Майво прапорів
більш не рождає втіхи, ні надії.
І тільки танки страху на майдані
такого ж понеділкового дня.

Дні, пережиті нами, — як трава
у нашому саду: руда й жовтява.
Наш бідний сад, мов очманіла пава,
летить нікуди з криком ні про що.
Криклива осінь — мов на дзвін соборний
зійшлися юрби ідіотів:
                     чорних,
червоних, синіх... І летять згори
листівки про нові умови гри.

ALLERGY

I

These days we lived disappeared
into other days we also lived.
Greasy, bloody stains on a gravel path,
rain washed them away.
       A rustling of flags
no longer brings delight or hope,
only terrifying tanks on the Maidan
on a Monday afternoon.

Days we've survived, like grass
in our garden: ruddy yellow, brown.
Poor garden—a mad peahen
flying nowhere, squawking about nothing.
Autumn clangs as loudly as church bells
calling crowds of fools to flock
                 in black,
red, blue—fliers drift from above
proclaiming new rules of the game.

. . .

Починається знов алергія: мабуть, до опалого листя,
до сухого пилку хризантем та останніх жоржин,
до конаючих віт бур'яну —

        або, може, до того
неспокійного виразу плавнів та голих лугів —
тоскно, глухо в селі...

        Втім, і в місті гнітять
жебраки в переходах з пропитими пиками, нежить;
потім ще ця кусюча дрібна мурашва,
що заноситься разом з піском на взутті до
помешкань —
одна тільки втіха:
жити їй лиш до першого снігу.

...Розмови, черги, інфлюенца,
постійна хатня метушня,
цибулі смаженої запах
і комунального прання;
дитина ниє, телевізор
співа про волю ось яку,
і Президент летить до Менська
в жовтоблакитнім літаку.

І демагоги, й демократи —
однак ледачі і тупі,
і часом хочеться блювати
на шаровари золоті,
на підмальовані закони —
злиденний крам, продажний блиск...

Чи ж діждемося Вашинґтона?

...А діждемось таки колись!

II

Again, my allergy begins—
maybe to burning leaves, to the dry pollen
of chrysanthemums and last dahlias,
to the dying bunches of weeds,
                       or maybe it's to that
ill-at-ease look of reed beds and bare meadows
wistful, overgrown in the village.
                           Yet, in the city
beggars hound the passageways
with drunk faces and runny noses.
And then there's that tiny biting ant
born on shoes along the dirt to
apartments . . .
There's one consolation:
it'll live only until the first snow.

Conversations, queues, influenza,
the constant commotion at home,
the smell of fried onions
and shared laundry—
a child whines, the TV sings
about our freedom,
and the president flies to Minsk
in a yellow-blue plane.

The demagogues and the democrats
are all lazy and dumb—
and sometimes you want to puke
on their golden trousers,
on the gussied-up laws—
pathetic wares, glitter for sale.

Will we get to Washington?
Yes, we'll get there someday.

. . .

Боюся тих, що вийдуть із печер
на поклик м'яса і видовищ — знаю:
і там, і там є кров. Якщо розбить
комп'ютера, або бібліотеку спалити,
а ще краще — ноти! скрипки!
роялі!..
　　　　　О який оркестр
заграє; і на вишкірені зуби
легенький усміх опаде.
Боюся тих, що вийдуть із печер.

Їм нічого втрачати, крім кайданів
умовностей: «Будь ласка». — «Дуже прошу».
«Добридень, пане». — «На добраніч, пані».
«Проходьте». — «Дякую». — Уже шкварчить
вогонь,
танцюють тіні, і садист ростовський
співає: «Розпрягайте, хлопці, коней».

III

I fear those who'll come out of the caves
at the call of meat and circuses—I know
there's blood there. If you must, smash
the computers or burn the library—
Better yet: all sheet music, violins,
pianos!
        Oh what an orchestra
will play; and a light smile will
fall upon the bared teeth.
I fear those who'll come out of the caves.

They have nothing to lose but their chains
of convention: "Please" and "thank you."
"Good morning, sir." "Good evening, ma'am."
"After you." "My pleasure."
The fire's already crackling,
the shadows dance and the Rostov sadist
sings, "Unharness your horses, lads."

ЧИН

Підвівся берег. Дихає натужно
вода спітніла.
Вечірня спека опадає кружно,
як тінь від тіла.

Тримайся рівно і дивися в себе.
Не бійсь нікого і нічого:
ні дотику оголеного неба,
ні жала кам'яного.

Постави цілість, виразу виразність,
одвага жесту —
оце твої можливість і дочасність,
твій шлях протесту.

А Той, котрий з мечем над головою,
він, хто з тобою,
хай милосердним буде в мить двобою
твого і Болю.

DEED

The bank has risen. Water sweats,
labors to breathe.
Evening heat settles all around,
like a shadow from your body.

Stand straight, look at yourself.
Fear nothing and no one:
not the touch of the bare sky,
or the sting of stone.

Integrity, expressiveness,
the courage of gesture—
these are your timely possibilities,
your ways of protest.

But He who stands over you
with raised sword—he, who is with you,
may he be merciful in the clashing moment
between you and Pain.

САКСОФОНІСТ

у підземній трубі де квіткарки бліді
де повзуть жебраки від руки до руки

де туман сиґарет і ошмаття газет
і калюжки сечі замерзають вночі

        там
        на повен зріст
        саксофоніст
        у блаженну пітьму
        гра не знати кому

в золоту трубу
у нічній трубі
він сурмить весну
віддану йому

як щасливий схлип
як любовний скрик
як терпкий язик
як жертовний лик

як жертовний лик
як терпкий язик
як любовний скрик
як щасливий схлип

THE SAXOPHONIST

in the underground tube of pale flower peddlers
and beggars crawling from hand to hand

where cigarette fog and scraps of newspaper
and puddles of piss freeze at night

> there
> standing tall
> a saxophonist
> into the blessed darkness
> plays for God knows whom

into the golden horn
in the nighttime tube
he sounds the spring
given to him

like a happy sob
like a loving cry
like an acerbic tongue
like a sacrificial face

like a sacrificial face
like an acerbic tongue
like a loving cry
like a happy sob

ДЖАЗ

Ні, він тут не живе...
Власне, він взагалі не живе. Він помер
ще рік тому. Вдова із дочкою
продали цей будинок і виїхали, не лишивши
адреси.
Може, хтось і буває на цвинтарі,
але тут не з'являлись ніколи. Тим часом
пошта все ще приходить для нього:
ви б не хотіли поглянути? Може...

Дякую, ні. Перепрошую. Ні. До побачення.

Чому холодно
ранку квітневого,
коли сонце бринить
між розквітлими сливами?..

Років сімнадцяти, я ходила його послухати.
Джаз тоді хоч не був заборонений,
але все ж не вітався. Вони,
отже, грали в якихось зачуханих клубах,
в ресторанах, у темних лютневих підвалах,
на квітневих терасах.
Ми, четвірко дівчаток, сиділи в куточку,
очамрілі від диму чужих сиґарет.

Сонний привид гріха,
винна кров алкоголю,
чоловічі обличчя,
страшне слово «секс».

Він з'являвся у жовтих штанах і вузьких черевиках,
із червоним волоссям — рудий?
ні, напевно, фарбований? —
грав по черзі то на кларнеті, то на саксофоні,

JAZZ

No, he doesn't live here.
In fact, he doesn't live anywhere. He died
about a year ago. His widow and daughter
sold the building and left without a trace.
Maybe someone pays his or her respects at the cemetery,
but no one shows up here. Yet
the mail still comes for him:
Would you like to take a look? Maybe . . .

Thank you, no. I'm sorry. No. Goodbye.

Why is it cold
this April morning
despite the sun strumming branches
of blossoming plum trees?

At seventeen, I went to hear him play.
Jazz was neither forbidden
nor welcome. The musicians
performed in either run-down clubs
or restaurants; in dark, drafty cellars
or flowering terraces.
Four of us girls sat in a corner,
intoxicated by the smoke of foreign cigarettes.

Phantom-visions of sin—
guilty blood of alcohol,
male faces,
the terrifying word, "sex."

He came on stage wearing yellow pants
and narrow, pointy shoes.
His red hair, most likely, dyed?
He took turns playing the clarinet and saxophone.
Drank water on break.

у перервах пив воду, іноді щось говорив;
і одного разу блукаючим поглядом
зупинився
на видовжених від чекання фанатках.

Тріпотливі метелики
в кутиках уст його:
come on, сміливіше,
усе буде просто чудово.

Я збирала плітки про нього між студентами
консерваторії:
про вигнання із alma mater і втечу в Прибалтику,
про партнерів, з якими він грав і з якими він спав;
про повернення. Вже проростали
невиразні надії, і музика із підвалів
видибала на вулиці,
бліда, як проросла картопля.

Потім він одружився - і це було трохи сумно.
Хай би краще лишалися ті, веселкової барви.
Але світ визначався простий, чорно-білий до сірого:
чорні штани, білий светр, посивіле волосся.

Він приходив на мітинги, посадивши малу на плечі,
обирав незалежність і Чорновола,
викладав кларнет у музичній школі,
заробляв два мільйони, стояв у черзі за яйцями.
Врешті еміґрував — жінка вчасно згадала бабусю-єврейку.
Його учні також міґрували або спивалися,
йшли у бізнес або у політику.
Одного знайшли безголового в таращанському лісі,
іншого повішеного у занедбанім складі,
ще один підірвався у власнім авто на Рейтарській.

He mumbled to the audience as he glanced around,
pausing to take in each female face,
gaunt with anticipation.

Quivering butterflies
in the corners of his lips.
Come on, with more daring,
everything's gonna be great.

I collected gossip among the conservatory students:
about his expulsion from his alma mater and retreat to the Baltics,
about partners with whom he played and with whom he slept,
about his return. Vague
hopes blossomed,
music spilled from the basements
onto the street,
colorless as a sprouting potato.

Over time, he got married—and this was heartbreaking.
If only his rainbow colors remained.
But the world recognizes only black-and-white to gray:
black pants, white sweater, graying hair.

He still came to street rallies, his small daughter on his shoulders,
and voted for Independence, for Democracy.
He taught clarinet in music school,
earned two million inflated banknotes and queued for eggs.
Finally he emigrated—his wife had remembered she had a Jewish
grandmother.
His students also migrated or drank,
took up business or politics.
One was uncovered decapitated in the Tarashcha forest.
Another, hanged in an abandoned warehouse.
Still another was blown up in his car on Reitarska.

...Сонячні кларнети,
місячні саксофони,
наступного року в Єрусалимі —
у Новому Єрусалимі,
на пагорбах з маківками золотими,
у небі над річкою, де пташки
зупиняються перепочити на півдорозі,
але мало яка долітає до середини ріки,
але мало хто зіграє джаз після смерті,
нахиляючись уперед, відкидаючись назад,
підгинаючи ноги у жовтих штанах,
випинаючи горло у білому светрі,
дивлячись довгим поглядом в очі старої панни,
що іде від будинку, в якому

він уже не живе.

. . . Clarinets of the sun,
saxophones of the moon,
next year in Jerusalem—
in the New Jerusalem,
on the hills with church domes like golden poppies,
in heaven overlooking a river where birds
stop to rest mid-migration.
But few make it to the middle of the river,
few play jazz after death,
leaning forward and back,
legs bending in yellow pants
throat jutting forward in white sweater
staring hard into the eyes of a lonely woman
as she leaves the building he

no longer lives in.

Translated by Dzvinia Orlowsky

ОЗЕРО

Озеро берегом папоротніє.
Ні, є лиш біле обличчя. Рости,
ти, напівкругле, округлене, ніби
бистрий і стиснений скрик самоти.

Ти! В темну папороть — скельцем від неба!
Бачу: обличчям лежиш у траву.
Вуликом пахне земля коло тебе,
берегоозеро в душу живу

входить... І от уже вільно і вільно
нова у венах гойдається кров.
О, вітер хвилю і хвиля на вітрі —
рівно, і рівно, і рівно, і знов...

LAKE

Ferns embody the lake's shore.
No—there's only a white face. Grow,
you, semicircular, round—swift,
suppressed cry of loneliness.

You—in the dark fern—a glass lens from sky!
I see you lying face down in the grass.
Earth around you smells
like a hive; the lake of shores

in the living soul . . . How freely
new blood rocks in veins,
wind of wave, wave in the wind—
evenly, evenly, evenly, and again.

СПОТИКАЮЧИСЬ МІЖ ЗІРОК

Знедоленим світу

Так гарно, швидко билось твоє серце —
я пам'ятаю тільки це. Але
вже сніг ішов зі сторони Дніпра,
заліплюючи очі й окуляри,
замотуючи парки і бульвари
в пом'ятий запах мокрого хутра.
Ходімо так зо мною, ти і я.

Ідуть сніги у Києві і Львові,
ідуть дощі у Лімі і Парижі,
так що не видно в цей вечірній час
вже родимок на шиї і плечах,
всіх особливостей легкого тіла.
Але я пам'ятаю тільки страх.

Хто сльози простирадлом витирав,
аби ніхто не бачив — опівночі;
і той, хто вічно сам, але несміло
випростує свої худі коліна;
хто вже давно забув тепло житла,
і хто давно забув про запах хліба,
і хто боїться старості і смерті,
каліцтва й радіації — усі
поволі йдуть в Парижі і у Лімі,
і дощ їм заливає окуляри
і сірі фари стомлених таксі.

Розділимо ж цю опівнічну каву
з бездомними під сірими мостами —
віддай їм половину сиґарети
і половину ніжних слів моїх.
Розділимо свій опівнічний хліб
з голодними; не обминімо й мертвих
з голодними бездомними устами.

STUMBLING AMONG STARS

Of a despairing world

How sweetly and quickly your heart beat.
That, I remember. But snow
was already coming from the Dnipro
sticking to our eyes and glasses,
wrapping parks and boulevards
with the smell of rumpled wet fur.
Let's walk together, you and I.

It's snowing in Kyiv and Lviv.
It's raining in Lima and Paris.
So much that at this late hour we can no longer see
the birthmarks on our necks and shoulders,
all the anomalies of a light body.
I remember fear.

Whoever wiped their eyes on bedsheets
at midnight, so no one would see;
and whoever's always alone, timidly
straightening their skinny knees;
whoever has long forgotten the warmth of home,
and long forgotten the smell of bread,
and whoever is afraid of old age and death,
lameness and radiation—everyone is
slowly walking in Paris and in Lima,
with rain fogging their glasses
and the gray headlights of tired taxis.

Let's share this midnight coffee
with the homeless under dingy bridges—
give them half your cigarette
and half of my tender words.
Let's share our midnight bread
with the hungry; not passing over the dead
with their hungry, homeless mouths.

187

...Іще одна пошарпана зоря,
коли дивлюсь крізь мокрі окуляри,
задощений заковтуючи сніг.

Ходімо ж так, у парки, на бульвари...

Yet another shabby star,
when I look through my wet glasses—
the dense, raining snow.

Let's walk like this, to parks, to the boulevards.

ВОГОНЬ

Цей червоний вогонь з бадилиння сухого,
а іще — із сухого-таки бадилиння
і солодкого тріскоту перших дощів;
із опалого листя, що падало довго,
з теплим димом смородини, може — малини,
ніжним хруском галузок, обтятих з кущів, —

розгортався поволі.
                    Росли попелясті краї,
та поламана цяцька, яку дитинча притягло
і поклало в підніжжі свого щонайпершого храму,
лиш диміла крізь лак дерев'яним замурзаним боком.

...О червоний вогонь з голубим, фіолетовим оком!
Полуднєве — і раптом вечірнє село,
дитинча, що руками схопилось за маму,
і далеко за річкою темні гаї...

Але раптом і скрізь — тут,
                    на вуличці тихій і сонній,
і далеко туди, де за річкою темні гаї, —
спалахнули вогні у промінні вечірнього сонця,
дим солодкого листя простер нам обійми свої.

І коли засвітились облич вечорові овали,
дивним захватом повні, іскристим оміті зерном,
ми дитину підкинули вгору і розцілували,
танцювали із нею, сміялися, наче воно.

Не помреш ти ніколи, ніколи — у курточці синій,
і не зломляться вічно тоненькі уста,
як не зникне ніколи цей вечір осінній,
цей вогонь, що танцює і в небо зліта.

FIRE

This red fire of dry stalks—
and what dry stalks
and sweet crackling of first rains!—
of fallen leaves that fell for a long time,
warm with currant smoke, or maybe raspberry,
the gentle crunch of branches cut from bushes

slowly unfolded. The ashy edges grew,
and the broken toy the child carried over
and laid at the foot of perhaps its first temple
only smoked through the varnish
of its dirty, wooden side.

O, red fire with the blue, violet eye!
Noon, and then, at once, an evening village—
a child who's grabbed onto its mother,
dark groves far beyond the river.

Suddenly and everywhere—here
on the quiet, sleepy street, in the dark
groves far beyond the river,
fires blaze up in rays of evening sun
and the smoke of sweet leaves
spread its arms to us.

And when the evening oval faces lit up,
cleansed with sparkling grain and strange delight,
we tossed the child in the air, kissed
and twirled with it—and laughed
as if we, too, were children.

You will never die—in your little blue coat;
your thin lips will never break,
just as this fall evening will never disappear,
this fire that dances and flies into the air.

Як же нам не радіти цим щастям і ритмом,
що пронизує всесвіт і наші серця?
Як же нам не ловити божественне світло,
витираючи сльози, мов роки, з лиця?..

Can we not rejoice in the happy rhythm
that fills the universe and our hearts?
Can we not catch the divine light
wiping tears, like years, from our faces?

ЛАСТІВКИ

остання спроба вилетіти десь
із цього курника цієї стайні
цієї спальні де висять нагальні
кохані запахи тваринного гнізда

туди туди — до пещених небес
де мов підніжжя дроти електричні
і де веселки змахи феєричні
спастичні втіхи бідного життя

як рукавички чорні з наших перст
мов чорні з білим клавіші рояльні
як феєрверки в ночі фестивальні
вони летять із рідного гнізда

вони вже там — невидимі як без
кінечний звук кінечної безодні
такі відважні і такі холодні
самотні злети нашого життя

SWALLOWS

a last attempt to fly off somewhere
from this coop from this stable from
this bedroom where the urgent sweet
smells of an animal's nest hang

there to there—to caressed heavens touched
where electrical wires are like a pedestal
and the fiery strokes of a rainbow,
the unsettled comforts of a poor life

like black mittens from our fingers
like the black and white keys of a piano
like festival fireworks at night
they fly from their native nest

they're already there—invisible
like the endless sound of the final abyss
so fearless and so cold
the solitary flights of our lives

ТРОЯНДА: ЦЕ ТРОЯНДА І НІЖ

Про Наталку Білоцерківець та її поезію подумано і сказано різними мовами ще вкрай мало. Кілька її віршів розібрано на цитати, два-три з них стали піснями, одна з яких стала паролем приналежності до покоління вісімдесятих. Вона знає свій рівень. Але цього не досить.

Білоцерківець є поеткою з історією та поеткою в історії. Вона народилася рік по смерті Сталіна. Обоє її батьків мали літературний хист. Вони були сільськими вчителями, тому що таким як вони не було місця в номенклатурному Києві. Мама її дитиною пережила Голодомор, а молодою дівчиною була вивезена на примусові роботи до нацистської Німеччини. По жіночій лінії у цій родині, як і в мільйонах інших, передалася до кінця не ословлена травма екстремального страждання. Цензура і самоцензура не були тут метафорами, вони були свого роду вакцинацією від найгіршого. Вихована в епоху застою, вона зробила наскрізною у своїй поезії алегорію руху. Виростаючи в країні, з якої не можна було нікуди поїхати, крім так званих країн соцтабору (де прихована сема «табір» досі, повірте мені, викликає інстинктивне здригання), вона плекала свободу уявних мандрів.

Поле культури, в якій Наталка зростала як поетичний вундеркінд і сильним голосом у якій мріяла стати, на її очах звужувалося і зачищалося. Київ перетворювався на несправжню столицю. Зруйнований фізично в часі Другої світової і фактично розчавлений у своєму пориві модернізму та визволення від імперії, у революційно-мистецькому *Золотому гомоні*, на два десятиліття раніше, Київ вирікався своєї мови і свого сміливого минулого. Все ще були якісь щасливі збіги, були якісь знаки: слова поетів, особливо поетів-шістдесятників, стали тоді авторитетними, їх хотіли чути. Але про київських неокласиків, які були їй близькі та співзвучні, на початку 1970-х на філологічному факультеті Київського університету не розказували. Щоб відновити контакт з власною ідентичністю, щоб знати більше, треба було отримати доступ до книжок, похованих у спецфондах, та тихих розмов з колишніми

A ROSE IS A ROSE—AND A KNIFE

Even today, very little has been thought or said about Natalka Bilotserkivets and her poetry outside of Ukraine. Several of her poems have been chopped into quotes, a few have been turned into songs, and one became a password for belonging to the eighties generation. Natalka knows where she stands, but this is not enough.

Bilotserkivets is a poet with history and a poet in history; she was born the year after Stalin's death. Both of her parents had a gift for the literary. They were rural teachers because there was no room for people like them among the nomenklatura in Kyiv. Her mother survived the Holodomor famine as a child, and as a young woman she was stolen away to Nazi Germany as a forced laborer. The women in this family, as in millions of others, passed down an unspoken trauma of extreme suffering. Censorship and self-censoring were not metaphors but a type of vaccination against the worst of their pain. Raised in an era of stagnation, Bilotserkivets has turned movement into an allegory that pervades all her poetry. Growing up in a country it was forbidden to leave, except for the so-called countries of the socialist camp (to this day, the hidden seed "camp" provokes an instinctive shudder), she cherished the freedom of imaginary journeys.

The cultural milieu Natalka grew up in and dreamt of entering herself, was narrowed and purged before her eyes. Kyiv turned into a false capital. Practically crushed during its burst of modernism and liberation from empire in the artistic-revolutionary *Golden resonance*,[1] then physically destroyed during the Second World War two decades later, Kyiv renounced its own language and daring past. There were still some coincidences and signs things might improve: the words of poets, especially the *shistdesiatnyky*,[2] at that time were authoritative; people wanted to hear them. But in the early 1970s, the Kyiv neoclassicists, who were close and consonant

1 This is a reference to Pavlo Tychyna's long poem, "The Golden Resonance" ("Zolotyi homin"), which concludes his debut collection, *Soniachni klarnety* [Clarinets of the sun, 1918]. The poem proclaims the rebirth of Ukraine in a way both intense and transcendent.
2 Here, the poets of the sixties, though the term is applied to prose and poetry writers equally. Natalka herself is a *visimdesiatnyk*, or 'poet of the eighties.'

українськими політв'язнями радянських таборів. І треба було мати відвагу і ззаду голови розуміти, що вже є наступні в'язні сумління, майже твої ровесники, і їх один по одному репресують – в тому числі, і за україномовну поезію.

Можливо, Наталка Білоцерківець була песимісткою, але завжди мала цю ясність. Гостро чутлива до кожної несправедливості – глибоко приватної чи закладеної в соціальну систему, живучи в радянській Україні, де справедливість існувала тільки в принципі і лише на папері, вона довго і вперто вироблялася на поета співчуття, поета супроводу через тріщину в світобудові. Її хвалили, до 30-ти років вона видала дві книги поезій, вступила до Спілки письменників, отримала премію імені Маяковського, та навіть тоді була собою не вдоволена. Сам тип її обдарування був нерадянським і ненародницьким. Лише «Підземний вогонь» (1984), її третя збірка, став ключем до такої Білоцерківець, як ми її трохи знаємо і дуже любимо. І лише «Листопад» (1989) – місяць її народження і переродження – розкрив її в усій повноті геніальної поетки-модерністки 20 ст. – візуально контрастної, тілесно чуттєвої, сюжетної, з філігранним звукописом, з сумнівом і сум'яттям, зовні стриманої і вулканічної водночас. У цій ерудованій поезії є кілька наскрізних символів і вони контрастують як натура і культура чи стихії і технології, що намагаються – безуспішно – ті стихії приборкати. Тут вона входить у чутливий резонанс зі своїм містом, заручником багатьох катастроф, остання з яких, Чорнобиль, є непозбувним, необхідним тлом для розуміння всього тексту книги, і зокрема поеми «Травень».

Розпад Радянського Союзу став звільненням, однак Україна оголилася тоді у своїй політичній незрілості і культурній занедбаності. Стара інфраструктура впала. Нова потребувала часу, ресурсів, доброї освіти і мудрого опікунчого мислення, яких фактично не було. Стан суспільства непотрібних людей, збитих орієнтирів і загального зубожіння жахав. Тріумф швидких грошей і поганого смаку важко пережити всім, а особливо поетам. У справжніх поетів на такий стан речей «Алергія» (1999).

У поетичній формулі Ґертруди Стайн троянда – це троянда, це троянда, це троянда... Сто років опісля для Наталки

with Bilotserkivets, went unmentioned in the philology department of Kyiv University. To restore contact with your own identity, to know more, you had to gain access to the books buried in the special collections and quiet conversations with former Ukrainian political prisoners of Soviet camps. And you had to have courage and know in the back of your mind that the next prisoners of conscience, practically your peers, were already being repressed one by one—including for Ukrainian poetry.

Perhaps Natalka Bilotserkivets is a pessimist, but she has always been transparent about it. Acutely sensitive to every injustice, whether deeply private or embedded in the social system, and living in Soviet Ukraine where justice existed only in principle and merely on paper, she spent a long, stubborn time turning herself into a poet of compassion, a poet who will accompany you through the crack in the universe. And she was praised for it. Before she turned 30 she had published two books of poetry, joined the Union of Writers, received the Mayakovsky Prize, yet still wasn't satisfied. Her particular talent was non-Soviet and non-populist. Only *Underground Fire* (*Pidzemnyi vohon'*, 1984), her third collection, was the key to the Bilotserkivets that we know a little and love a lot. Her *November* (*Lystopad*, 1989)—the month of her birth and rebirth—revealed the fullness of this 20th-centurty modernist poet's genius: contrasting visually, feeling bodily, narrative, with filigree sound, with doubt and confusion, outwardly restrained and volcanic at the same time. There are a few pervasive contrasting symbols in this erudite poetry, such as nature and culture, the environment and technologies that attempt—unsuccessfully—to tame the natural world. Here she resonates with her city, held hostage by successive catastrophes, the last of which, Chornobyl, is the indelible, necessary background to understanding the whole of this book, especially the poem "May."

The collapse of the Soviet Union was a liberation, but Ukraine's political immaturity and cultural neglect were laid bare. The old infrastructure crumbled. The time, resources, education, and guardianship thinking that were needed for the new did not exist. The society of unnecessary people, lost guideposts, and general impoverishment was horrifying. The triumph of a quick buck and

Білоцерківець троянда дається людському захопленому спогляданню разом з ножем. Виплекана в саду найкраща троянда буде зрізана з найкращими намірами, на піку прозріння, яка ж то досконала її краса. Майже напевно. І якщо троянду вчасно і ніжно не зрізати, не зробити культурним жестом дарунку, вона однаково зів'яне.

Основним осердям цієї гіркомудрої поезії було і залишається напередзнання, яснобачення. Погляд Наталки Білоцерківець на світ часом скидається на рентгенівський знимок: у юному тілі раптом проступає скінченність і смертність, у справах людських справджується (майже завжди) гірший сценарій, зі сміття і ошмаття проростають вірші, а поет від того наче втрачає дар мови і її вірш перетворюється на щось нерозбірливе, первісне, «як щасливий схлип / як любовний скрик / як терпкий язик / як жертовний лик».

Тепер у перекладі англійською Елі Кінсели та Дзвіні Орловської.

—*Ірина Старовойт, Львів*

bad taste is hard for anyone to endure, especially a poet. The real poets had an *Allergy* (1999) to this state of affairs.

As Gertrude Stein has poetically reminded us, a rose is a rose is a rose is a rose. One hundred years later, for Natalka Bilotserkivets, the rose submits to enthusiastic human contemplation along with the knife. Nurtured in the garden, the best rose will be cut with the best of intentions at the moment the perfection of its beauty is realized. Almost certainly. And if the rose is not cut in time or gently, if the cultural gesture of a gift is not made, it will still wilt.

The core of this bittersweet poetry was and remains anticipation, clairvoyance. Natalka Bilotserkivets's view of the world sometimes resembles an x-ray: finitude and mortality suddenly peek through in the young body; in human matters, the worst case scenario (almost always) comes to pass; verses sprout from rubbish and rags; and the poet seems to lose her gift of speech and her poem turns into something incomprehensible and primal, "like a happy sob / like a loving cry / like an acerbic tongue / like a sacrificial face" ("Saxophonist").

Now in English translation by Ali Kinsella and Dzvinia Orlowsky.

Iryna Starovoyt,
Lviv, Ukraine

NOTES

"Boy's Choir": Ernst Jünger was a somewhat politically controversial writer and decorated German soldier best known for his memoir of WWI, *Storm of Steel*. His first novel, *On the Marble Cliffs* (1939), describes the ruination of a peaceful people and is often read as a (predictive) allegory for what befell Germany during World War II.

"February": Poet Lina Kostenko is one of the most remarkable representatives of the *shistdesiatnyky* (sixties) generation in Ukrainian letters. Her collection *On the Banks of the Eternal River (Nad berehamy vichnoï riky, 1977)* was the first of her poetry to be published after she signed open letters in the 1960s protesting state repressions against Ukrainian intellectuals. In Ukraine, a loaf of ceremonial bread presented on an embroidered ritual cloth with salt is a symbol of hospitality.

"May": The Chornobyl nuclear catastrophe happened on April 26, 1986, but it wasn't discovered by the world or the Ukrainian people until Swedes reported excess levels of radiation in their atmosphere and the USSR could no longer hide it. This did not stop May Day celebrations in Kyiv (a mere sixty-two miles from Prypiat), which brought thousands of people to the streets.

"November": "Music above all!" is a reference to Paul Verlaine's poem "Art Poétique." Bilotserkivets says this line in its Ukrainian translation is well-known by all poets and writers there.

"Love in Kyiv": Tatarka is a region of right-bank Kyiv located on narrow streets among ravines that was almost entirely razed and rebuilt by the Soviet Union in the 1960s - 1980s. Lysa Hora, or "Bald Mountain," is today a park in Kyiv that was used by pagans for their rituals during the years of Kyivan Rus. Ukrainians have historically believed that witches gathered there after Christian feasts. It has also served military functions and as an execution site of state criminals.

"Every Night, You, Too, Take This Train": These electric commuter trains are colloquially known as *elektrychkas* and they take workers and villagers from their bedroom communities—sometimes three hours away from city centers—into the cities to labor or sell their produce. The net bag referenced is an *avoska*, or a "just-in-case bag," which was carried by most

people in the years of immense deficit of consumer goods in the USSR so they could easily stock up on whatever they happened to come across for sale that day.

"Death in the Air": Ostap and Andrii are Taras's two sons in the novel *Taras Bulba* by famous Ukrainian writer Mykola Hohol (known to the world as Russian Nikolai Gogol). Love, Faith, and Hope are common Ukrainian names: *Liubov*, *Vira*, and *Nadiia*. The cherry orchard is a reference to the father of Ukrainian letters, Taras Shevchenko's poem "The Cherry Orchard Near the House" ("Sadok vyshnevyi kolo khaty"), which is stand-in imagery for Ukraine in general.

"Allergy," I: The early 1990s in Ukraine were a time of myriad new political parties, supporters of which would take to the streets for rallies wearing their party's colors. These people were sometimes paid or simply fanatics, much like the members of the White Brotherhood, a totalitarian sect that attempted to seize St. Sophia's Cathedral (not far from the Maidan) in Kyiv.

"Allergy," II: "Will we get to Washington?" is also a reference to Taras Shevchenko who wrote in his poem "Holy Fool" ("Yurodyvyi," 1897), "When / Will we get to Washington / With the new and just law? / We'll indeed get there someday!"

"Allergy," III: "Unharness your horses, lads," is a line from a Ukrainian folk song about two young lovers in the garden. The Rostov sadist is Andrii Chykatylo (Andrei Chikatilo, 1936–1994), who was Ukrainian by birth. At his 1992 trial for the sexual assault and murder of over fifty women and children in the Rostov Oblast of the Russian SFSR, he reportedly sang this Ukrainian folk song. He was executed in 1994.

"Jazz": The first collection of poetry published by Pavlo Tychyna (1891–1967) was entitled *Clarinets of the Sun (Soniashni kliarnety,* 1918). In it he created a new form of Ukrainian symbolism and his own poetic style that he called "clarinetism." Bilotserkivets's favorite poet, Tychyna greatly influenced the musicality and sound sense of her poetry.

ACKNOWLEDGMENTS

Deepest gratitude to editors Christine Holbert and Grace Mahoney at Lost Horse Press for their invaluable support and advice throughout the process of bringing this book into the world; to Jay Hoffman, Jeff Friedman, and Iryna Starovoyt for their generous feedback on various poems at different stages; to Natalka for the power and beauty of her words and for trusting us with our collaboration; to Ali Kinsella for inviting me to share this journey with her. Her passion for the Ukrainian language continues to inspire me.

—*Dzvinia Orlowsky*

I would like to thank Christine and Grace at Lost Horse Press, who have made this publication possible, for their work to shed light on Ukrainian letters. The rewards are immeasurable. Thank you to Ostap Kin for his encouragement and consultation. Natalka, thank you for all you have written and for the freedom to remake your work in English. All my thanks go to Dzvinia, who taught me how to read poetry. Without her, there would be no book.

—*Ali Kinsella*

Grateful acknowledgment is made to the publications in which some of these poems first appeared, sometimes in different forms or with different titles:

Kenyon Review: "The Letter," "February," "Swallows"
Leviathan Quarterly: "The Water Trembles," "Wine of Angels"
Lily Poetry Review: "Herbarium," "Lake," "Wine of the Lonely"
Midway Journal: "Stumbling Among Stars," "No Love is Happiness"
Mom Egg Review: "Elegy to a July Storm"
periodicities: a journal of poetry and poetics: "Technically Speaking,"
    "Passionate People," "Night Planes," "November"
Plume: A Journal of Contemporary Poetry: "August City Night," "Love in Kyiv,"
    "Wolf Wine Bar"
Salamander Magazine: "A Shell Like an Ear"
Solstice: A Magazine of Diverse Voices: "Knife," "Bridge"
The American Journal of Poetry: "May," "Skin Gets Drier and Thins,"
    "Death in the Air," "Children"

"We'll Not Die in Paris" first appeared in *From Three Worlds: New Writing from Ukraine* (Zephyr Press and Glas, 1996).

Dzvinia Orlowsky's translations of "The Water Trembles," "Wine of Angels," "We'll Not Die in Paris," and "Jazz" also appeared in *Subterranean Fire: The Selected Poetry of Natalka Biolotserkivets* (London: Glagoslav Publications, 2020).

Dzvinia Orlowsky's "Natalka Bilotserkivets's Regenerative World" was translated by Bohdan Pechenyak.

THE TRANSLATORS

ALI KINSELLA has been translating from Ukrainian for nine years. Her published works include essays, poetry, monographs, subtitles to various films. With Ostap Kin she translated Vasyl Lozynsky's chapbook *The Maidan After Hours* (2017). She won the 2019 Kovaliv Fund Prize for her translation of Taras Prokhasko's *Anna's Other Days*. She holds an MA in Slavic studies from Columbia University,

Photo by Steve Kaiser

where she focused on Eastern European history and literature, writing a thesis on the intersection of feminism and nationalism in small states. A former Peace Corps volunteer, Ali lived in both Western and Central Ukraine for nearly five years. She now lives in Chicago, where she also sometimes works as a baker.

Photo by Max Hoffman

Pushcart Prize poet, translator, a founding editor of Four Way Books, DZVINIA ORLOWSKY is the author of six poetry collections published by Carnegie Mellon University Press including her most recent, *Bad Harvest*, named a 2019 Massachusetts Book Awards "Must Read" in Poetry. She is a recipient of a Massachusetts Cultural Council Poetry Grant, a Sheila Motton Book Award, a co-recipient of a 2016 National Endowment for the Arts Literature Translation Fellowship, and her first collection, *A Handful of Bees*, was reprinted as part of the Carnegie Mellon University Press Classic Contemporary Series. Her poem sequence "The (Dis)enchanted Desna" was a winner of the 2019 New England Poetry Club Samuel Washington Allen Prize, selected by Robert Pinsky. She is a contributing poetry editor to Solstice Literary Magazine and founder of *Night Riffs: A Solstice Magazine Reading & Music Series*. She teaches poetry and creative writing at Providence College and is a Writer-in-Residence at the Solstice Low-Residency MFA in Creative Writing Program.